启迪思维的金钥匙

大学通识教育28讲

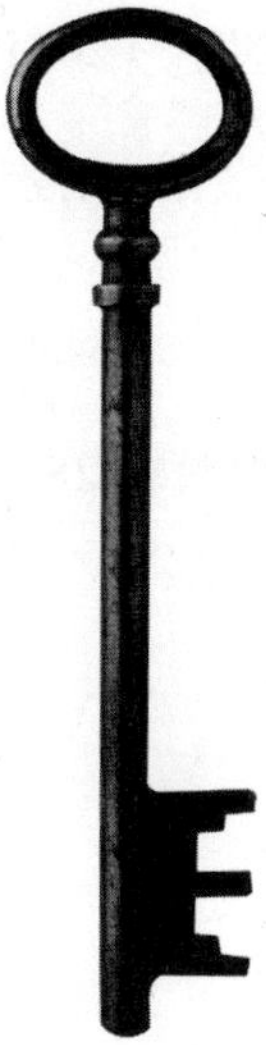

郭光华　等著

暨南大學出版社
JINAN UNIVERSITY PRESS

中国·广州

图书在版编目（CIP）数据

启迪思维的金钥匙：大学通识教育 28 讲 / 郭光华等著. —广州：暨南大学出版社，2011. 8
ISBN 978 – 7 – 81135 – 857 – 5

Ⅰ. ①启…　Ⅱ. ①郭…　Ⅲ. ①高等学校—素质教育—研究—中国
Ⅳ. ①G640

中国版本图书馆 CIP 数据核字（2011）第 098716 号

……………………………………………………………………………

启迪思维的金钥匙：大学通识教育 28 讲
著　　者　郭光华等
书名题字　方延明
出 版 人　徐义雄
策划编辑　杜小陆
责任编辑　杜小陆　廖　原
责任校对　杨海燕
出版发行　暨南大学出版社（广州暨南大学　邮编：510630）
网　　址　http：//www. jnupress. com　http：//press. jnu. edu. cn
电　　话　总编室（8620）85221601
　　　　　营销部（8620）85225284　85228291　85228292（邮购）
排　　版　弓设计工作室
印　　刷　佛山市浩文彩色印刷有限公司
开　　本　787mm ×960mm　1/16
印　　张　14
字　　数　216 千
版　　次　2011 年 8 月第 1 版
印　　次　2011 年 8 月第 1 次
印　　数　1—3000 册
定　　价　28. 00 元

前 言

作为大学生通识教材，本书从不同的学科选择28个关键词，并按对思维启迪的不同方面粗略归纳为4组。关键词的收录标准为：为其他学科所广泛接纳；具有影响思维方式的意义、方法论上的意义。

先说说这28个关键词从何而来。其筛选经过了两个阶段：首先是向专家征集。由不同学科的专家推荐出50个关键词。然后在此基础上，对在校学生和已毕业的大学生进行问卷调查，由他们认定对自己最有帮助的词。其中28个关键词获得了75%的投票，成了本书的内容构成。

每一个关键词内容包括：①介绍它的出处和它的原意；②它被其他学科广泛应用的情况（也就是说它为其他学科提供了哪些营养）；③它对我们思维的启发。

为什么要这样做？以下谈谈我个人对通识教育的思考。

一、如何认识通识教育

高校通识教育的必要性，在我国教育界已经达成共识。然而，对通识教育的理解，却还存在不少分歧。

一些知名大学提出本科教育是"通识教育基础上宽口径的专业教育"，具体来说就是，低年级进行通识教育，高年级进行专业教育。但国外的情况已悄然发生了变化。自20世纪80年代以来，在美国的许多研究型大学里，通识教育课程和专业教育课程已不按时间段分开。哈佛大学2004年一份报告说，通识课、主修课、选修课三者的界限应当是相对模糊的。通识教育和专业教育应当是相互渗透并可以相互转化的。在日本，自20世纪90年代以来，已开始将通识教育与专业教育结合起来考虑。

之所以发生这种变化，主要是通识教育课程与专业课程之间缺乏有机的联系，有的甚至严重脱节；通识教育课程的编排以对所有大学本科生实施同样的一般教育为基本出发点，没有考虑各专业之间的差异，使得以专业学习为主要目标的学生在前两年只能学习远离所学专业的一般教育课程，一定程度地降低了其学习积极性；一般教育中的教学与科学研究相脱离，担任一般教育课程的教师虽然也进行科学研究，但很难与其教学结合起来，因而影响了教学质量的提高。①

二、通识教育的目的

国内对通识教育的内涵的理解也不一致。如有学者认为，通识教育是有关“做人”的教育，专业教育是有关“做事”的教育。还有学者将通识教育与人文教育等同起来，而将科学教育排斥在通识教育之外。② 这些理念都有一个共同的倾向，即将通识教育视为专业教育的平行者或其补充物来对待，它注重的是知识面的横向拓展，而较少考虑专业教育与通识教育之间的联系。

美国一些高校的通识教育不是简单地增加其他领域的知识，而较多地从其他学科中去吸收思想营养。如斯坦福大学规定，就读该校的本科生必须在以下四个领域至少完成9门通识教育课程，领域1：人文学科导论（一年级每学季一门课）；领域2：自然科学、应用科学和技术以及数学（三门课）；领域3：人文学科和社会科学（三门课）；领域4：世界文化、美国文化和两性研究（从三个亚领域的两类课程中选择，也可以用已选领域1和领域3的课程来满足此要求）。每门课都是由一个特定题目来组织的。教学内容有一定的深度，而不是我们中国大学常见的那些“概论”知识。如“领域1”的课程基本上就是读经典名著。从其各门课程的具体内容看，尽管各自的侧重点可能有所不同，但几乎每一门课都强调提出一个又一个问题让学生讨论，实行小组研讨班教学。学生感到在课堂上发言如日常谈话般畅快。学生在聆听、讨论、阅

---

① 张晓鹏．通识教育中外比较：我们的理念偏差．中国教育报，2006（4）

② 同上

读和解释课程题目时发展批判性思考和解释技能。[1]

所以说，从表面内容来看，美国的通识教育也是专业之外的一些学科领域的内容，但从教法上看，特别是从教学目的上看，他们注重的则是思维方式这些深层次的素质培养。按我们的说法，就不是授人以鱼，而是授人以渔。

三、如何改进通识教育

关于通识教育的改进，此处提出两点参考意见。

第一，要注重对能力的培养而不是知识的灌输。

目前我国高校关于通识教育的内容，不同的高校做法各不相同，但有一点是相同的，即都比较注重知识面的拓延。其通识课，内容大都是其他学科的“概论”、“基础”等，并且，为了照顾学生听懂其他专业的课，大多数课以通俗化的语言来展现。但是学科精髓能否有效传达并被接受，是值得怀疑的。

其实，知识的拓展再宽也只能是相对来说的。每个人的知识面都有其局限性，而能力的培养则可引发知识创新。所以，美国等国家的通识教育，都以能力培养为取向。以哈佛大学为例，第一门通识课是对历史和社会进行分析。但此历史学的不是上下五千年的历史，而是历史中的一个片断，如法国大革命，或五四运动，或者是明清的转型之间，或唐代建国，要对此历史片断进行分析。可见其侧重点在于能力培养而不是知识积累。赫钦斯是美国20世纪30年代大学通识教育的重要旗手，但他对那些“概论”性的课程却表示强烈不满，他强调要读经典名著，因为经典名著里的思想“在任何时代里都是当代的”[2]。哈佛大学著名教授杜维明先生也说过，大学不是一个专业训练班，因为大学办专业训练班无法同企业相比；大学不是科技培训处，因为科技培训处是由许多其他组织来完成。大学是一个全面的教育，应为学生将来终生的学习和持久的发展创造条件。如果没有深厚的人文学作为基础，素质教育是没

---

① 张晓鹏. 通识教育中外比较：我们的理念偏差. 中国教育报，2006（4）

② 同上

有办法发展的，素质教育不能发展，社会资本、文化能力和伦理智慧也没有办法发展。这样，教育只是变成基于科学技术对技术和专业知识的培养，而不能进入到对才能和智慧的提升，这是一个非常严峻的问题。①

第二，要注重与专业教育的联系而不是与之脱节。

正因为我国高校的通识教育注重的是知识面的拓延，所以，它特别注意与专业教育的异质性。换言之，它注重的不是通识教育与专业教育的“内联”，而是专业教育之“外拓”。这就出现一个问题，即知识结构的优化问题。我们知道有些跨度很大的学科，是不宜这样简单地拼加的。因为不同学科的思维方式有很大的差异。正如哈佛大学杜维明教授所说，美国将学科领域分为自然科学、社会科学与人文学，这有其特别的意义。因为人文学有些方法、内容、取径和自然科学有相当大的不同，研究者和研究对象在人文学领域比较适用人类学的方式，而不是数学逻辑乃至一般自然科学用的归纳法、演绎法。人类学有两个观念：内在的参与者和外在的观察者。作为人文学者，两个角色都是适用的，不进去就不能了解其内涵，不出来就不能对其作出严谨的分析。自然科学家没有这样的问题，其对象是身外物，有着某种客观的形态，通过研究可以重复实验，可以反复了解所得结论是否正确，此确定性在文学、历史学、哲学乃至人类文化学研究中皆不太可能。② 依此而论，通识教育与专业教育的内容构建，应当有利于专业思维能力的培养。注重通识教育与专业教育两者之间的深层次联系，是完全必要的。两者之间的离合，借助散文理论中的一个表述，谓之“形散神不散”。

基于上述认识，我萌生了写作本书的意图。

以关键词的方式来构建通识教育课的体系，本书仅仅是一次大胆的尝试。主要考虑到大学生无暇接触大量的理论原著，采取了这种“走捷径”的方式，以少胜多，以一当十。选取各学科常用的关键词，不仅能开拓学生的知识面，更重要的是这些关键词已广泛为其他学科所吸

---

① 杜维明. 人文学与知识社会——兼读美国大学的通识教育. 开放时代，2005（2）
② 同上

收，能启发思维，具有方法论的意义。我们知道，学问之道本无捷径可走，但以此先激起大学生对理论的兴趣，引导他们作更深更多的涉足，这才是此书的目的。至于能否做到这一点，则有待实践来检验。

由于本书涉及的领域较广，故写作难度较大。这一点大大超出我的预期。为此，我邀请了广东外语外贸大学传播学教授侯迎忠博士、韶关学院新闻学教师吴志文博士、中国传媒大学南广学院郭子辉老师等参加了本书部分章节初稿的写作。书稿写作过程中，还广泛听取了多方专家的意见，主要有：广州大学社会学博士、博士生导师谢俊贵教授，湖南师范大学政治学博士、博士生导师彭继红教授，长沙理工大学环境保护专业郭振华教授，美国明尼苏达经济学博士生郭璋等。书稿写成后，又请广东外语外贸大学新闻学院贾茜、王瑞应两位同学通读，让她们从大学生接受者的角度及对全书的风格提出修改意见。此外，广州美术学院设计学院硕士生韩金晶为本书作了精美的插图。对上述各位的贡献，特在此表示感谢！没有诸位的参与与支持，本书的按时完成难以想象。

本书是广东省“211 工程”三期重点学科建设项目“人文学中心建设——比较文化视野下的文学通化研究”的子项目。“人文学中心建设——比较文化视野下的文学通化研究”这一项目着力于研究多学科的通化问题。主持人栾栋教授是我国在文史哲等学科领域融会通化研究的大师级学者。本课题有幸列入栾教授主持的大课题之下，特别要感谢栾教授的厚爱。

南京大学新闻学院院长方延明教授得知本书写成，欣然提笔为本书题写书名，为本书增色不少。方教授是一位对多学科融会贯通的专家。他不仅是新闻传播学领域的知名学者，在新闻实践方面也颇有建树，写过不少有影响的新闻报道。更令人赞叹的是，他大学时学的是数学专业，而且他的油画、书法堪称专业水平。在此也特别感谢方教授对本书出版的关注。

还要感谢暨南大学出版社杜小陆主任。他为本书的出版付出了辛勤的劳动。

郭光华

2010 年 12 月 12 日

目　录

一 发现自我

1．长尾理论：天生我才必有用，草根自有草根的价值
2．木桶定律：认识自身的短板，迅速提升你的竞争力
3．潜意识：请了解你意识深处那片天地
4．集体无意识/原型：你的每个选择，是随波逐流还是遵循自我
5．需求五层次：要物质追求，更要有精神追求
6．鸟笼效应：自我引导，给自己设计一个合适的“鸟笼”
7．鲶鱼效应：在激烈的竞争中发现自己能否不败

1. 天生我才必有用，草根自有草根的价值——

长尾理论（The Long Tail）

长尾理论

多个明星的丰富性、多样性和可选择性最终带动了综艺节目受众的长尾市场。

一、长尾理论概述

“长尾理论”出自美国《连线》杂志主编克里斯·安德森2004年发表的《长尾》一文。它的原意是指，只要渠道足够大，非主流的、需求量小的商品销量也能够与主流的、需求量大的商品销量相匹敌，甚至能超过它。此概念里所提出的“长尾”就是对这部分非主流的、需求量小的商品的集体代指。

长尾理论的发现，还与一本书有关。1988年，英国作家乔·辛普森出版了一本以秘鲁安第斯山登山惨剧为题的书《触及巅峰》（*Touching the Void*），这本书在业界取得了很高的评价，但是销量表现却非常不佳。没过多久，这本书就被人们遗忘了。直到10年后，乔恩·克拉凯尔出版了另一本反映登山惨剧的书，名叫《走入空气稀薄地带》（*Into the Air*），这本书很快引起了大卖风潮，一时间，《触及巅峰》的销量也渐渐开始有了提升。出版社注意到了这一突现的需求而开始加量赶印。书商们也开始顺势与《走入空气稀薄地带》捆绑推介《触及巅峰》。最终，《触及巅峰》的销量一下子超过了《走入空气稀薄地带》，而且是超过两倍有余。《触及巅峰》由停销到热卖的翻身引起了克里斯·安德森的极大兴趣。他发现出现这一现象的原因就在于亚马逊网（http：//www. amazon. cn）的推荐。这个著名的网络书商在销售记录中发现，一些购买了《走入空气稀薄地带》的读者也同样喜欢《触及巅峰》，于是他们在《走入空气稀薄地带》一书的销售页面上同时附上《触及巅峰》的销售信息。后来的读者看到推荐后，不仅接受购买，而且喜欢书籍的读者还留下了褒奖的反馈留言。就如同滚雪球一样，看到购买推荐《触及巅峰》的读者越来越多，从而有了越来越多的购买者、越来越多的阅读好评，而最终又吸引来了越来越多的购买者，一直到最后创造了《触及巅峰》“咸鱼翻身”的奇迹。

安德森在他的《长尾》中特别指出，《触及巅峰》现象若放在几年前是根本不可能出现的。因为在《走入空气稀薄地带》热卖之时，《触及巅峰》已经接近停印，再加上这本书出版于10年前，读者们很难，甚至是无从得知有过这么一本书，更别说是大规模购买了。《触及巅峰》可以说得上是名副其实的小众化商品。改变了这个不可能的正是网络。由于网络上近乎零成本的无限储量，使得极其小众化的产品都有条件出现在消费群体面前，同时加上网络运营商特有的推荐营销方法，又进一步使得海量的产品得以浮出水面，脱颖而出，从而“小众集团们”也迎来了属于自己的明媚的春天。

由网络书商的营销，进一步扩展到网络音乐商、网络DVD商的经营业务，安德森发现，在网上，网民们被给予了无限量的选择圈，他们的兴趣搜索会不断延伸至畅销品和热门货之外。因为网络的海量寻觅与搜揽，导致这些由非畅销商品所形成的市场集合在总额上不仅媲美于畅销商品的销售总额，有时甚至超过了后者。这些非主流商品，就像一条细长细长的尾巴。位于长尾上的商品，尽管单个的销量不及畅销商品强劲，但由于其庞大的群体数量集合而有了旺盛的生命力。

安德森的长尾理论是网络时代下的新型营销理论。在以往传统的实体经济条件下，由于受到生产、存储和流通成本的限制，营销商只能通过推出吸引最多人的“热门”产品来抵付成本，并进一步实现收益。而那些尽管有着一定消费群，但销售量不足以超过基本成本水平的商品，则因为“无利可图”而根本没有机会出现在市面上。以音乐和电影类的视听产品为例，网络时代下，在线销售的音乐电影从存储和流通的成本中解放出来，唱片推出不再需要考虑躺在音响店货架上所产生的储存成本，电影播映不需要考虑影院放映所产生的流通成本，加之消费本身就具有个性化的本性，各种各样的非畅销小众产品得以呈现在消费者面前，不同的人也得以在万千种类中淘到自己所爱。可以说，是网络营销让小众产品得以浮现，而小众产品又因为符合了大众越来越个性化的消费诉求，以及其本身在数量上的巨大优势，因而在整体上产生了与畅销产品相抗衡甚至是超过后者的实际效益。

二、长尾理论在其他学科上的运用

长尾理论的发现虽然与网络有关，但它的应用范围绝不只是在网络方面。以下三个例子，分别揭示出长尾理论在政治选举、互联网搜索引擎优化和传媒领域的实际应用。

例1：美国总统奥巴马的胜利被很多分析家认为就是长尾理论在政治

选举中的成功应用。[①] 在选举中，奥巴马建立了一个美国政界见所未见的筹款机制，给自己弄了一条“长长的尾巴”。大量的小额捐款成为他打败单额捐款数额大但量少的其他对手的关键武器。他的竞选团队充分利用Facebook、Youtube等网络媒介，吸引任何能上网的人成为他的筹款对象，大量的“散户”们虽然单笔捐款额不高，但是集合起来数字就相当惊人。据奥巴马阵营当年2月的报告来看，奥巴马94%的捐款是由200美元或更少的捐赠构成，而希拉里这一比例为26%，麦凯恩为13%。奥巴马在2月份仅一个月就筹到5 500万美元，打破了美国纪录，而其中4 500万美元是来自网络。在超过10万的捐款人中，5万人是来自互联网。整个3月份，有127.6万人为奥巴马捐款，奥巴马阵营的筹款数额每个月都在增长。《纽约时报》曾将奥巴马的胜利定义为“Web 2.0时代的美国大选”，但实际上这场网络力量起到翻盘性作用的大选背后就是长尾理论的胜利。

例2：网络搜索引擎是我们常常用到的东西，如何对它们进行优化早已成为当今网站工程师们的重要研究领域，而搜索引擎优化工作的核心步骤就是对搜索关键词的调研与选择。工程师们常常通过对关键词进行研究改进，来提高网站的点击率和流量，最终提升网站的业务量。在过去，工作者们往往强调的是核心关键词，而忽略了一些小流量的关键词，而现在，越来越多的搜索引擎工作者们开始关注网站上的“长尾关键词”，将心思越来越多地花费在它们身上。[②] 所谓“长尾关键词”其实指的就是这些关键词虽然单个搜索人次不及那些核心关键词，但却因为其数量之大及其搜索的明确性所带来的更高的顾客转化率，在整体上对提升网站的业务量发挥着更大的整体效益。打个比方说，一个利用通用词汇“搜索引擎优化”进行检索到达某网站的访问者与一个搜索“杭州搜索引擎优化”到达网站的访问者相比，后者更加容易转化成该网站的客户，而这个网站又可以设置很多个不一样的“长尾关键词”，并可以组合成很多种选择，这样整合起来就形成了大量的关键词集合，这一部分“长尾关键词”曾常常被搜索引擎工作者形象地形容为搜索引擎中的蓝海。

---

① 刘兴亮．奥巴马的胜利得益于长尾理论．http：//www.tianshannet.com.cn/it/content/2008－11/06/content_3406355.htm

② 杭州思亿欧网络科技有限公司．搜索引擎优化（SEO）与二八法则．http：//www.seo.com.cn/search－engine－optimization－28.html

例3：我们发现，近年来一些综艺娱乐节目，出现了主持人多人化的倾向。大陆电视媒体如湖南卫视的《天天向上》、《快乐大本营》等节目，一出场就是一群主持人。台湾地区十分风靡的综艺节目《康熙来了》也是这样。主持人群体化的现象也包含着长尾理论。以《康熙来了》为例，该节目每周制作播出5集。其嘉宾邀请模式与一般的做法不同，它不是邀请某个大牌明星，而是常常邀请五个三线明星一起上节目。这种模式不仅大获成功，收视率居高不下，而且逐渐成为了该节目的主要形式。制作人员发现五个三线明星的效应并不亚于一个大牌，因为与大牌明星相比，虽然他们受众集中，但是五个三线明星的受众市场分布会更加广阔，层次也更加丰富。观众在看节目的时候，可以有很多选择，不会因为不喜欢这期节目的某一个嘉宾而换台。五个三线明星的明星效应不亚于一个大牌，这就是长尾理论中“汇总市场不亚于热门市场”的结论，多个明星的丰富性、多样性和可选择性最终带动了综艺节目受众的长尾市场。①

三、长尾理论的启示

长尾理论尽管最初是一个商业理论，但它所带来的启示绝非仅限于商业领域。透过一些市场营销的实例，我们发现，长尾理论为非主流群体，或者说为草根群体的存在，找到了一个理论依据。如果说二八定律是为精英们制造理论依据，不妨说，长尾理论在鼓励草根们放心地生存。从本质上说，长尾理论给我们的启示就是“非主流整合效益”。所谓“非主流整合效益”，内容包含两点，第一是“非主流”有效益，第二则是“非主流”整合后效益惊人。

启示一：“非主流”有效益。以前很长一段时间，由于资源限制诸多因素，“主流”成了人们生产生活方方面面的绝对霸主，人们潜移默化地形成一种思维：主流就是对的，主流就是好的，主流就是有前途的；而那些被排斥在主流之外的东西，则被人们不假思索地扣上没有发展力、没有前景的帽子。久而久之，越来越多的人开始信奉主流，原因就在于人们根深蒂固地认为非主流效益微小，更多的时候甚至认为非主流没有效益。

以国内报考大学专业为例。早些年，英语、计算机、法律、会计等专

---

① 曾晨. 论长尾理论在传媒领域中的运用. 青年文学家，2010（14）

业被视为最好找工作的热门专业，所以这几个专业成为考生报考时选择的主流领域。一时间，不仅各高校纷纷开设这些专业，并且大多数考生和他们的家长在填报高考志愿时不假思索地将这些专业作为唯一考虑，而那些非主流的专业则成了少人问津的冷门。而如今的现实却是，这些早些年被社会推举为最好就业的英语、计算机等热门专业却逐渐成为最难找到工作的专业，而一些曾经被视为冷门的专业却产生就业缺口，形成了一条富于生机的“长尾”。中国有一句古话叫做“三百六十行，行行出状元”，说的就是长尾理论中“非主流也有效益”的道理。生物学伟人达尔文，没有跟随当时他父亲为他安排的热门学科神学和医学，而是坚持他自己的爱好，在广阔的自然界践行着他的追求，最终成就了令世人称羡的伟绩。要说研究小昆虫和自然界小生物在当时看来就等同于不务正业，也是彻彻底底的非主流。反观历史上那些在各自领域作出开拓性成绩的伟人，可以说很多都是在“非主流”领域，凭借着他们对自我个性的跟随和不懈的努力，最终在这些尚未开发的领域占据巅峰。所以从个人发展的角度来看，“非主流”中蕴含着无限的可能和新兴的效益，就如同长尾曲线图那样，尾巴怎样都可以延续，各种行业都会有需求。再进一步说，在这个思维下，我们在做人生决策的时候，就应该学会充分尊重自己的天分和独立兴趣，而不是以社会主流为风向标一味跟风，主流会随着时间空间而不断易主，抛弃自身诉求一味追赶并不会成为真的主流，或者说永远地成为主流。任何时间，从自身出发都应该是被记住的基本点。

启示二：“非主流”整合后效益惊人。长尾理论带给我们的第二个思维启示就是非主流经过整合后具有惊人效益。长尾理论不是去描述单个的非主流物体的效益有多高，而是重视非主流物体经过整合后的效益之和。这些原本势单力薄的非主流项目，在经过组织集约之后，以团体为单位焕发出全新实力。所以在我们的思维上，除了认识到非主流有效益外，还需要认识到非主流整合的重要性。让小个体以整体的形式和多样化的内容参与竞争。

在现实中我们也可以发现不少这样的例子，而其中最具代表性的莫过于如今风起云涌的各行业“集团化”进程。通过对原本弱小的多项资源进行整合，以集团的规模再次参与与大对手的竞争，虽然集团内各竞争个体的力量不如大对手雄厚，但因为对众多小资源进行了整合，不仅在内容上较单一的大对手更有丰富性，在竞争的规模上也因为集结作用而实力激增。湖南广播影视集团可以说是国内媒体界走集团整合化取得成功的一大典型实例。与中央电视台等一批大台相比，原本的湖南卫视、湖南经视、湖南娱乐等广电下属的电视频道可以说是力量微弱的小台，而如今经过整合后，在一个大影视广播集团的规模背景下，这些原本的小台带着自身的多样性，借着集团的规模性，发挥着更绚烂于少数主流电视台的特有光芒。

在我国古训中也有不少与“非主流整合产生的效益”有关的例子。如荀子《劝学》中说：“积土成山，风雨兴焉；积水成渊，蛟龙生焉；积善成德，而神明自得，圣心备焉。故不积跬步，无以至千里；不积小流，无以成江海。骐骥一跃，不能十步；驽马十驾，功在不舍。”以长尾理论观之，“驽马”不正是“长尾”的同义语吗？

四、延伸阅读

1. ［美］克里斯·安德森. 长尾理论. 北京：中信出版社，2006
2. 田玉来. 基于长尾理论的客户关系管理探讨. 商业时代，2010（22）

（与贾茜合写）

2. 认识自身的短板，迅速提升你的竞争力——

木桶定律（Buckets Effect）

木桶定律

这场战役中，关云长之守实际成了整个战役中的短板。曹操正是从关云长这块短板处逃出的。

一、“木桶定律”概述

“木桶定律”又称“木桶理论”、“短板理论”等。它源于一个非常普通的生活常识。我们知道，木桶是由一块块木板拼集而围成的，一个木桶能装多少水，取决于所有木板中最短的一块的长度。这一简单的道理被美国的管理学家彼德总结为“木桶定律”，并产生出两个推论：其一，只有桶壁上的所有木板都足够高，该木桶才能盛满水；其二，只要这个木桶里有一块不够高度，木桶里的水就不可能是满的。

如此普通的生活现象一般人简直不作什么思考，然而仔细想想却真是蕴涵着深刻的哲理。在工作或生活中人们常常追求某些方面的高指标，殊不知如果某一方面呈“短板”状态，其他方面的努力都可能因这一短板而一票否决。可见，木桶定律强调的是事物的发展不能出现结构性的不足与缺陷。

二、木桶定律的表现与应用

（1）木桶理论在现实中的表现，可以分两方面来分析：

首先，这一理论强调的是团体的整体素质。对于一个团体来说，个别成员素质的低下，可能会影响到整个团体的质量。我们常说，一颗老鼠屎坏了一锅汤。当整个团体成为一个完整的有机体时，局部的疏漏可能会导致全体的崩溃，个人的因素会影响到整体的效果。以《三国演义》中“诸葛亮智算华容，关云长义释曹操”的故事为例。赤壁之战前，诸葛亮料定曹操必定遭火攻而败走。诸葛亮就在曹操可能逃走之处安排好人马，各路埋伏围成了木桶之形。但曹操最终被守在华容道上的关云长放了。这场战役中，关云长之守实际成了整个战役中的短板。曹操从关云长这块短板处逃出，传说中是因为诸葛亮已知天意，“天不灭曹”，天下要形成三分之势。果如此，则诸葛亮在这次战役中主动地用上了木桶理论，华容道上的关氏就是他有意安排的“短板”了。华容道上释曹操可以说是一个只许失败不许成功的特例。但我们可以从另一角度解读，如果一个团体追求的是只能成功不能失败，就绝不能安排关云长守华容道这样的短板。

其次，它提示我们，个人不能出现那些致命的或者是影响发展的短处。一个人身上的弱点，有些只是细处局部的，并不影响整体。但也有些弱点是致命的。古希腊神话中有“阿喀琉斯之踵”（Achilles' Heel）的故事。古希腊有一位名叫阿喀琉斯的英雄，他拥有超乎常人的神力和刀枪不入的身体，因之在特洛伊之战中表现神勇，屡立战功，但却被太阳神阿波罗一箭射中。原来阿喀琉斯的母亲、海洋女神特提斯在他还是婴儿的时候，经常捏着其右脚后跟，将其浸在神奇的斯提克斯河中。阿喀琉斯被河水浸过的身体变得刀枪不入，近乎于神。但那捏着的脚后跟因为没能浸泡到河水，成了全身唯一的弱点。这个秘密为太阳神所发现，因而一箭射中了他。阿喀琉斯之踵成了其致命弱点。其实我们也可以想想，难道我们各自身上没有类似的“阿喀琉斯之踵”？在此处不妨举个我们学习中的例子。我国现在的研究生考试，录取标准就与高考录取不同。前者既要看总分，又要看单科成绩。国家每年都会按考试情况，单独为英语划出一个分数线。如规定以50分为线，达不到这一分数，总分再高也录取不了。一些考生其他课程分数都很高，却因外语这项成绩不够，而被拒于门外。何以这样呢？这是因为专家们认为，不管是硕士研究生，还是博士研究生，都必须要有能够熟练地查阅英语资料的能力，因此，英语成绩就被视为影响到考生深造的决定性之“木板”了。

（2）木桶理论的应用，也可以从两方面来分析：

首先，木桶理论已被应用为一种有效的管理手段。管理者可以根据实际情况，将某些指标设计成制约全局的短板。如我们在实践中遇到的“一票否决制”即是如此。大家知道，我们国家是人口大国，计划生育成了一项重要的国策。于是，对一个单位的评估，计划生育成了一个具有短板意义的指标。哪个单位计划生育工作没做好，就会被“一票否决”，即使其他工作做得再好也不得豁免。再比方说这些年工业污染很严重，一些地区为了追求GDP，不惜以牺牲环境为代价。何以至此？因为GDP这一指标成了官员政绩评估的决定性指标。为了治理污染，避免盲目追求GDP，一些地方已经把环境污染治理作为考察政绩的“一票否决”，环境污染的问题没解决好，其他工作再好也算不上好。由此可见，合理的短板设计，可以成为一种有效的管理手段。

不过，我们在此特别说说短板设置的合理性问题。我们也看到，一些部门所设“短板”也存在不合理现象。如某些高校免录乙肝病毒携带者，就构成制约人的“短板”，但这设计明显地带有歧视色彩。再如今天的升迁或录用之道强调年龄：年龄到点一刀切。即使此人其他各方面的条件再好，也被这一短板否决。与“不拘一格降人才”的理念相悖。河南汝州的滕振国曾以农民工的身份、以高中毕业的第一学历、以自学数载的坚忍、以38岁考上硕士研究生的荣光，轰动河南乃至全国，邀请他去作报告的学校和企业不计其数。2009年当他从重庆师范大学毕业，怀揣哲学系伦理专业思想政治教育方向的硕士学位证书四处求职时，因为他42岁“年龄偏大”，回应他的是一次次的无功而返。有人曾对2010年多数省直单位及省直垂直管理系统招考公务员计划进行统计后发现，几乎所有岗位均与35岁以上人员无缘。许多高校招聘辅导员等岗位，要求硕士28周岁以下，博士32周岁以下，越来越多的大龄研究生被拒之门外。目前，职场就业歧视的“35岁现象”正在引起各方面的关注。很明显，这样的短板设置没有任何科学依据。比方说，我国选空姐，一定要身材高挑，年轻漂亮。但美国飞机的服务员，“空嫂”、“空奶”也没关系。这不正是关于“短板”如何设定的问题吗？

其次，木桶理论也为个人的提升提供了有效的途径。简单地说，当一个人失败时，要努力去寻找制约你成功的最大的原因，这可能就是你的“短板”。当你找到你的“短板”之后，缺什么补什么，迅速地将你的短板补齐，就有可能迅速改变你失败的记录。现在有人提出“恶补”这一说法。所谓恶补，说白了，就是迅速将你的弱项化解，让你的“木桶”装上更多的“水”。我有一个学生，毕业后参加用人单位的面试，屡试屡败，令她非常沮丧。一般来说，她各方面的条件均不错，要形象有形象，要内涵有内涵，为什么不被其他人看好呢？后来我们发现，这位学生面试时，总是不敢与面试官对视，言辞闪烁。对方总认为她心不在焉，或认为她心高气傲。实际上是该女生从小羞涩。开始她以为自己有其他问题，整天检讨自己的材料没准备好，衣着打扮不专业等。后来经人指点，锻炼其胆量，特别注意与人打交道时目光要注意之事项，结果一下子就获得突破性进展。

三、木桶定律的启示

木桶定律给我们的启示，可以从三个方面略作分析。

首先，如何看待人的短处。人的短处，有些像木桶之短板，属结构性之短；有些则不具结构性意义，虽短但无伤大局。这就是为什么有些人的缺点是可容忍的，有些则是完全不能容忍。据班固的《汉书·高帝纪》记载，西汉初年，天下已定，汉高祖刘邦在洛阳南宫举行盛大的宴会，喝了几轮酒后，他向群臣提出一个问题："我为什么会取得胜利？而项羽为什么会失败？"高起、王陵认为刘邦派有才能的人攻占城池与战略要地，给立大功的人加官封爵，所以能成大事业。而项羽恰恰相反，有人不用，立功不授奖，贤人遭疑惑，所以他才失败。刘邦听了，认为他们说的有道理，但是最重要的取胜原因是能用人。他并不认为自己没有短处，恰恰相反，他感叹："夫运筹帷幄之中，决胜千里之外，吾不如子房；填国家，抚百姓，给饷馈，不绝粮道，吾不如萧何；连百万之众，战必胜，攻必取，吾不如韩信。三者皆人杰，吾能用之，此吾所以取天下者也。项羽有一范增而不能用，此所以为我擒也。"如果用木桶理论视之，刘邦之短处，并不是结构性的；而项羽之短处，对于一个最高统帅而言，不会用人、不能用人，恰恰是不可容忍的木桶短板！诚如李嘉诚所言："大部分的人都有部分长处和部分短处，好像大象食量以斗计，蚂蚁一小勺就足够。各尽所能、各得所需，以量才而用为原则；又像一部机器，假如主要的机件需要用五百匹马力去发动，虽然半匹马力与五百匹马力相比是小得多，但也能发挥其一部分作用。"①

对于一个团队来说也是这样。我们常说不能要求十个指头一样长。人因各有短长，才能在各行各业或一个团队中不同的分工下互补配合，让每个人都能体会到"天生我材必有用"。但也有些人的弱项可能成为整个团队的结构性短板，这就不容忽视了。前面所说的关云长释曹操的例子就能说明这一点。尽管其他据点的把守固若金汤，却因这处短板而前功尽弃。

其次，如何兼顾特长发展与综合平衡。当我们讨论木桶理论时，我们总会想到一个人、一个单位的特长或特色的作用。因此，我们不能因为谈短板效应，而忽略了特长效应。俗话说"一俊遮百丑"，说的是特长的效应。我们甚至可以说，某一方面的特长正是人或事物的生存之点。战国时期，招揽门客、养士之风在豪门望族中盛行。很多人在采用门客上都有较高的门槛，但齐国的孟尝君则不同，"鸡鸣狗盗"之徒也得以入其门下。

---

① 肖剑，刘博．左右我们生活的23条潜规则（第2版）．北京：新世界出版社，2008. 29

他在秦国担任宰相时，秦昭王因听信谗言要杀他。一个门客用“狗盗”之术潜入皇宫，盗取已献给昭王的白狐裘，贿送给昭王宠姬，才使孟尝君得以逃脱。等到他与门客日夜兼程来到函谷关时，城门已经关闭了，必须等到鸡叫之后才能开门。这时又有一个门客模仿鸡叫，引得城内的公鸡一起叫起来，终于骗开城门脱险出关。鸡鸣狗盗之徒地位与能力哪能与纵横捭阖的文臣武将相比？然而他们在那样的境况下却能以奇巧取胜。

我们应当看到，特长发展与综合平衡应当是相互影响、彼此推动的关系。我认为，对于一个有机体来说，当特长指标与综合指标形成结构性整体后，往往是特长发展引领整体发展，整体的综合平衡又支撑着特长的进一步发展。据报道，中国社会科学院中小企业研究中心主任陈乃醒研究员针对木桶理论提出了“孤峰原理”的假说。陈研究员认为，在企业发展过程中，各项经营管理水平不可能处于同一水平；特别是在创新发展方面就更是如此。而在通常的情况下，企业经济效益的发挥，不是以最弱的一项为限制的，恰恰相反，它是以最强的一项为导向的。他认为：创新是企业发展的原动力。然而，企业创新并不是企业的各个方面都是齐头并进的，总是首先从某一个方面起始和突破，从而形成“孤峰”，并发挥优势。正是这种优势，提高了效率，降低了经营成本，增强了企业的核心竞争力，从而扩大产品的市场份额，增加了效益。也正是这种在创新中形成的某一方面的“孤峰”，打破了企业经营管理中原有的均衡态势，对企业经营管理的其他方面提出了新的要求，促进了其他方面的改革创新，进而提高了企业整体素质，促进企业发展跃上新台阶。于是，新一轮的创新开始。就这样，起始往复，不断循环，螺旋式地推动企业持续发展。我认为，陈乃醒先生的研究并没有推翻木桶理论，而是强调特长的引领作用。引领的最终结果还是提升整体；系统结构中短板的制约作用仍不可小觑。

最后，灵活掌握短板机制与破格机制。前面说过，决策者、管理者可以因为强调某些具有结构性意义的指标应达到的“高度”，设计出一个“短板”来。但有时也有这种情况，某人某事某物在某方面特长明显，却因其短板而被拒之门外。此时就要灵活掌握，不拘一格。好的管理模式应当是，既有短板机制，又有破格机制。实事求是，灵活掌握。比方说高校招生，特长生可加分或者破格录取个别有特殊技能的学生，以做到“物尽其用，人尽其才”。武汉市汉南二中考生周海洋在2009年语文高考中，以

51 行 102 句的古体长诗写成《站在黄花岗陵园的门口》，被评为“最牛高考满分作文”。但因为严重偏科，这位“牛人”高考仅获得 370 分。但是，三峡大学表示，只要周海洋愿意，可以破格录取他就读本科，并给予他两万元特别奖学金。这一做法应当得到肯定。

四、延伸阅读

1. 西武. 木桶定律：国家、企业、个人均衡发展的行动指南. 北京：机械工业出版社，2004

2. 卫哲. 寻找人生的短板. 青年文摘，2008（8）

（与吴志文合写）

3. 请了解你意识深处那片天地——

潜意识（Subconscious）

潜意识

植入式广告就是以影响消费者潜意识为旨的。影视剧、游戏或节目中常常有意识地在声音或画面中的突出位置嵌入商品信息，让消费者在观赏过程中接收商品信息。20世纪90年代风行的电视剧《编辑部的故事》，植入的广告商品是百龙矿泉壶。

一、潜意识概述

潜意识又称无意识。明确提出潜意识这一概念并特别加以研究者，是19世纪奥地利心理医生弗洛伊德。他认为人的意识是由三个部分组成：潜意识、前意识和意识。意识是最表层的部分，它由人能随意想到、清楚觉察到的主观经验组成。它的特点是逻辑性、时空规定性和现实性。潜意识则是包括个人的原始冲动和各种本能，以及出生后和本能有关的欲望。这些原始冲动、本能多数不容于风俗、习惯、道德、法律而被压抑到意识阈之下而成为不被意识到的潜意识。前意识则处于意识和潜意识之间，是由那些不能立即回想起来，但经过努力可以意识到的主观经验组成。

上述三个概念中，潜意识一说是最受争议也是最给人启发的。

要说清楚“潜意识”的内涵，必须联系弗洛伊德创立的精神分析学说。西蒙·弗洛伊德（1856—1939年）作为一个心理医生，他的精神分析理论是在给精神病人治疗精神病过程中形成的。他以“催眠疗法”与“谈话疗法”等手段治疗患者，并且不断探索各种心理现象背后的根本原因。通过对众多患者的精神分析，弗洛伊德发现他们的病因大多深藏在潜意识领域，并且大多数与性欲有关。于是，这两点就成了弗洛伊德理论的基本核心。

关于潜意识和意识的关系，弗洛伊德以海上冰山为例作出说明：人的心理就像漂浮于海上的冰山，意识部分好像露出水面的小小的尖顶，而潜意识部分则是山尖下面藏在海洋深处的巨大的冰块。弗洛伊德认为，就其数量而言，就像海上的冰山隐没在水面下的巨大冰块是水面上尖顶部分许多倍那样，潜意识的心理活动远远超过意识的心理活动许多倍；就两者的关系而言，也像海面下的巨大冰块是海面上尖顶的基础一样，潜意识也是意识的基础。

潜意识何以处于压抑状态？弗洛伊德创造了一套完整的关于潜意识性质与运作的假说。在人的精神结构中，处于最底层的部分叫“本我”（id，也有直译为“伊德”）。“本我”总是处于无意识领域，它包藏着“利比多”（libido）即性欲，而这“利比多”正是人的一切精神活动的内动力。“本我”遵循的是“快乐原则”，即追求满足人的原始本能欲望。但这原始本能欲望往往为社会道德所不允许，如果任其发展，势必会有害于社会从而也就有害于自身。遵循“快乐原则”到最后却是得不到快乐。于是，在“本我”与现实之间，有另一个因素起调节作用。这一因素叫“自我”(ego)。“自我”的作用实际上是一种个人自我保护，可以说是“现实化了的本能”。它遵循的是“现实原则”，对“本我”的本能冲动加以控制，使之不至于成为有害于个人或社会的行动。弗洛伊德这样区分“本我”与“自我”:“自我”代表理智的深谋远虑，而“本我”只顾及及时行乐。精神结构中最高层次是“超我”(superego)。“超我”是一种保护社会的精神因素。它可以说是“道德化了的自我”，它遵循的是“道德原则”。它的主要职能是指导“自我”去限制“本我”的本能冲动，将不为社会道德习俗所容的欲望压制在无意识领域内。这三者的关系，“简单来说，我们可以把本我理解为放纵的情欲，自我是理智的审慎，超我则是道德感、荣誉感和良心。”①

对于一个人来说，潜意识中充满了欲望，而意识则是非常理性的。两者之间存在着压抑与反压抑的激烈冲突。弗洛伊德在阐述它们之间的关系时曾运用过一个著名的比喻：“潜意识的系统可以比作一个大前房，在这个前房内，各种精神兴奋都像许多个体，互相拥挤在一起。与前房相连的，有一个较小的房间，像一个接待室，意识就停留于此。但是这两个房间的门口，有一个人站着，负守门之责，对各种精神兴奋加以考查、检验，对于那些他不赞同的兴奋，就不允许它们进入接待室。”由于“自我”与“超我”的严格把关，“本我”无法进入意识领域，但受强烈的“利比多”驱动，又会千方百计寻找发泄的机会。弗洛伊德认为，这种发泄会采取两种形式：对于所有的人来说，梦就是一种重要的发泄；另一部分比较特殊的人，他们会借助艺术创作变相地发泄。正是在这一意义上，弗洛伊德称“艺术即做梦”。所以，弗洛伊德既致力于梦的解析，也努力通过对艺术作品的分析去发现其中的“本我”，当然也就是那个“利比多”了。

二、发展与应用

弗洛伊德将人的行为动力都归结为无意识深处的那个“利比多”，这一见解令许多人都无法接受，包括他的学生和他的理论继承者。弗洛伊德

---

① 张隆溪. 二十世纪西方文论述评. 北京：三联书店，1986. 22

认为，人的这个“利比多”从出生就有了。只不过在不同年龄阶段有不同的满足方式。每个儿童都有暗中爱恋异性父母的倾向。但这种乱伦性质的恋情要受到“自我”与“超我”的双重打压，所以，压抑之久竟郁积而成为所谓“情结”（complex）。他分别将男孩与女孩的恋母、恋父情结称为“俄底浦斯情结”（Oedipus complex）和“埃勒克特拉情结”（Electra complex）。由于爱情的专一性，所以，恋母有“弑父”倾向，恋父则有“弑母”倾向。弗洛伊德的这些见解简直是闻所未闻，许多人都认为荒谬无比，特别不能接受。但不可否认的是，弗洛伊德本人以其学说去分析不少经典的文艺现象，却常常能自圆其说。

先看他关于“俄底浦斯情结”的分析。《俄底浦斯王》是古希腊著名的悲剧。其剧情大致是：俄底浦斯是忒拜国王之子，他出生之前，国王就得到神谕，这个未出生的孩子将来会成为杀害父亲的凶手。于是俄底浦斯就被国王遗弃了。然而俄底浦斯却被好心人救起并抚养成人。这时他得到神谕，他必须离乡背井，因为他注定要弑父娶母。俄底浦斯在离家的路上，遇上了一场争斗，杀死了当地的国王。当地人拥戴他为国王，并让他娶了原国王的妻子。他在位很长时期内，国家治理得很好，他所娶的王后也为他生了两男两女。最后，在一场瘟疫中，神谕又来了：俄底浦斯杀死的原国王就是他的生父，他所娶的正是他的生母。俄底浦斯对他无意识犯下的罪恶感到震惊，于是他弄瞎了自己的双眼，放逐自己。这场悲剧浓郁的宿命色彩让人震撼，但弗洛伊德认为这出戏的感人力量，在于观众从俄底浦斯的遭遇中发现了自己弑父恋母的情结，无意识中产生了一种不自觉的共鸣。据此，弗洛伊德将这一情结叫做“俄底浦斯情结”。

对莎士比亚的名作《哈姆莱特》，弗洛伊德基本上也是作如此的解释。哈姆莱特是一位丹麦王子。他的叔父发动政变，杀了其兄也就是哈姆莱特的父亲而篡夺了王位，然后娶了原王后也就是哈姆莱特的母亲。当哈姆莱特得知此事后，矢志报仇，但在看上去条件成熟的关键时刻，哈姆莱特居然犹豫了。很久以来，批评家们都将哈姆莱特作为性格优柔寡断者视之。但弗洛伊德却不这样看。他认为，哈姆莱特本人就有弑父娶母的“俄底浦斯情结”，他的叔父所做的一切实际上正是哈姆莱特所想做的，杀了叔父无异于否定自己。“这样，在他心里驱使他复仇的敌意就被自我谴责和良心的顾虑所代替了，它们告诉他，他实在不比他要惩罚的罪犯好多少。”① 当然，这些都是以无意识的形态存在于哈姆莱特心中，他并未清醒地意识到这些，所以才茫然无措，在犹豫不决中痛苦地徘徊。

弗洛伊德关于潜意识的假说，虽然带有泛性欲的倾向遭人诟病，但指出潜意识的存在这一点，却得到了不少学者的认同。他的学生荣格正是在这一点上与他分道扬镳而另辟蹊径。荣格承认潜意识的存在，但并不认为它是由“利比多”组成。荣格将潜意识分为个体潜意识和集体潜意识两部分。意识是人格结构的最顶层，是心灵中能够被人觉知的部分；个体潜意识是人格的第二层，它是潜意识的表层部分，包括一切被遗忘的记忆，知觉和被压抑的经验，以及属于个体性质的梦、幻等，这和弗洛伊德的前意识很相似，是可以进入意识的；集体潜意识是人格结构中最底层的部分，它是人类在漫长的历史演变过程中积累下来的沉淀物，个体完全是通过遗传而得来的。这包括人类的活动方式和人脑结构中的遗传痕迹，如人对黑暗的恐惧。荣格将自己的假说发展成了原型理论（见本书“集体无意识/原型”）。

三、潜意识假说的启示意义

权威人士认为：世界上三个犹太人改变了整个人类的思维。这三个人即爱因斯坦、马克思、弗洛伊德。为什么弗洛伊德的潜意识理论能获得如此高的评价呢？从哲学的角度，古希腊的名言“认识你自己”是一个非常深刻的哲学命题，而弗洛伊德正是给人们提供了一个“认识自己”的全新角度与途径，把人的自我探索推进到了无意识领域。

对于弗洛伊德关于“利比多”的驱动作用的假说，一般认为既无法证其真，也无法辨其伪。因此我们在此且不作评说。但关于人的潜意识对人的行为的影响，却越来越引起了人们的重视。

从认识层面来说，其启示在于，它告诉我们人类对于自身的认识还远远不够。我们过去总是较多地在理性层面去认识自身，将人类暂时认识不到或感知不到的世界通通否定，甚至以划分唯物主义与唯心主义去否定这方面的探索。近些年来，一些物理学家提出宇宙间还存在着未被人类认识

---

① ［奥地利］弗洛伊德. 弗洛伊德论美文选. 北京：知识出版社，1987. 18

到的暗物质，这表明人类对宇宙的认识还十分有限。对人自身的认识和对宇宙的认识一样，任重道远。

受弗洛伊德关于潜意识假说的启发，人们在研究人的行为动机时，越来越注意深层次的、不被人感知的潜意识区域。一些研究者在研究人的成长中发现，少年时期的某些经历往往会不自觉地进入人物的无意识深处而形成无法摆脱的情结，以至于影响到后来的行为。奥地利的心理学家阿德勒就认为一个人的身体缺陷会引起自卑感，这种耿耿于怀的自卑感会成为挥之不去的情结沉入人的潜意识，并使得此人不断地去以某种方式“补偿”自身这一弱点。例如古希腊的 Demosthenes 原先患有口吃，经过数年苦练竟成了名演说家。美国总统罗斯福，从小患有小儿麻痹症，也是通过不断寻求“补偿”而大获成功。

文艺批评受弗洛伊德理论的启发，开创了“心理分析”这一批评派别，力图通过对文艺作品中一些无意识的流露，寻找隐藏在作品中的深层次内容。

从操作层面来说，这一理论启示我们，开发和利用潜意识的作用大有可为。这方面已经开辟的领域不少，下面以商业领域的例子作出说明。

先说植入式广告。按照潜意识理论，潜意识是被压抑的欲望、本能冲动，它总要按照快乐原则去追求满足。广告研究者注意到，广告与消费者的消费欲望有着密切的内在联系。许多广告的成功，在于它诱发了很多人没有注意到的、同类产品广告中没有说出来的消费者的潜在需要。在消费者的购买活动中，大部分是潜在需要在发挥作用。据美国有关资料表明，消费者 72% 的购买行为是受朦胧欲望所支配的，只有 28% 的购买行为是受显现需要制约的。顾客到商店购买商品，常常没有明确具体的购买目标，其购买行为往往是受无意识支配的。这就启发了广告商，广告制作要重视对消费者潜意识的渗透。植入式广告就是以影响消费者潜意识为旨的。影视剧、游戏或节目中常常有意识地在声音或画面中的突出位置嵌入商品信息，让消费者在观赏过程中接收商品信息。虽然表面上观众对那些“隐藏”起来的商品视而不见、听而不闻。有人说中国最早的植入式广告是 1983 年春节联欢晚会上马季的“宇宙牌”香烟，有了相声先造势，马上就有该品牌的产品问世了。还有 20 世纪 90 年代风行的电视剧《编辑部的故事》，植入的广告商品是百龙矿泉壶。近年来植入式广告更多。2010 年的春节晚会被观众指出“植入太多”。2010年热播的电视剧《丝丝心动》，更是从片名到剧情都是为洗发水量身定做的。5分钟的片花中，就有2分钟长发飞扬的镜头，甚至连接吻也是360度大旋转，好让头发有机会飘起来抢镜。湖南卫视广告部的一位主任说，该洗发水参与了剧本的前期策划、演员挑选、拍摄、后期制作等各个环节，可谓是“最深度的植入”了。①

再举商场背景音乐为例。人们发现商场中的背景音乐对人们的购物行为有一种潜移默化的影响。其中的原理也与潜意识心理有关。有一个很有趣的现象是，当人们漫步商场购物，如果商家播放的音乐节奏快于心跳节奏，那么他们就会不由自主地加快步伐，提早结束消费过程。音乐节奏越缓慢，购物的时间就越长，花钱的概率就越高。同时，音乐还决定了人们的购物选择。两名英国研究人员分别在店内播放法国手风琴乐曲和德国铜管乐曲，为期各两周。在播放法国音乐的两周内，77%的消费者将法国葡萄酒作为购买选择；而播放德国音乐的两周内，大部分消费者选择德国酒。

弗洛伊德曾说：“我要告诉你们，对于潜意识的心理过程的承认，乃是对人类和科学别开生面的新观点的一个决定性的步骤。”毫不夸张地说，潜意识理论使人类对自身和自身所创造的一切文化成果都获得了全新的理解。人们将弗洛伊德对潜意识的发现，同哥伦布发现新大陆、达尔文发现物种起源、马克思发现剩余价值、爱因斯坦发现相对论等相提并论，并不是没有道理的。

四、延伸阅读

1. ［奥地利］弗洛伊德. 弗洛伊德论美文选. 北京：知识出版社，1987

2. 张隆溪. 二十世纪西方文论述评. 北京：三联书店，1986

① 林芳.“植入广告”如洪水猛兽. 广州日报，2010-07-23（B1）

4. 你的每个选择，是随波逐流还是遵循自我——

集体无意识/原型（Collective Unconscious/Arachetype）

集体无意识
原　型

目睹秦始皇暴行横施，刘邦、项羽这两个不同出身、不同性格的人物分别情不自禁地抒怀：“嗟乎，大丈夫当如此也！”“彼可取而代也！”这些，都只不过是同一“集体无意识”的不同显现方式而已。

一、“集体无意识”和“原型”理论概述

“集体无意识”理论，是分析心理学创始者瑞士人荣格提出的。要了解这一理论，先要从荣格与弗洛伊德的关系谈起。荣格是弗洛伊德的学生。我们知道，弗洛伊德很注重对人的无意识的分析。他认为人的所有行为都来自人的无意识深处，而在人的无意识深处，压抑着人的性欲本能，他将它称为“利比多”（libido）。由于长期处于压抑状态，它便逐渐郁积成“情结”（complex）。弗洛伊德认为，这种处于压抑的情结，总是会以曲折的方式进入意识领域。对于一般人而言，就是通过梦来流露。而对于文艺家来说，他们还多了一个渠道，那就是通过他们所创作的作品来表现。弗洛伊德认为，无论是梦，还是文艺作品，既然是无意识的流露，就都是源于性本能的。

弗洛伊德的理论充满泛性欲主义观点，一般人难以接受。他的学生阿德勒、荣格等人都试图对老师的观点作些修正，以荣格的“集体无意识”理论影响最大。荣格承认无意识的存在，但不认为无意识的内容都带有性欲色彩，都来自性本能的冲动。他将性欲色彩从无意识中剥离后，将无意识区域分为两个层次，即“个人无意识”和“集体无意识”。个人无意识与个人经验有关，而集体无意识则既不来自个人经验，也不是从后天获得的，而是集体拥有、族种遗传的。他说：“选择‘集体’一词是因为这部分无意识不是个别的，而是普遍的。它与个性心理相反，具备了所有地方和所有个人皆有的大体相似的内容和行为方式。换言之，由于它在所有人身上都是相同的，因此它组成了一种超个性的共同心理基础，并且普遍存在于我们每个人身上。”

个体何以具有“集体无意识”呢？荣格提出了“种族心理积淀”这一概念加以解释。他认为，每个人都是种族的人，在每个人的记忆深处都积淀着种族的心理经验。从人类诞生起，世世代代传下来的心理经验就沉积在每个人的无意识深处，形成一种集体的、全种族的记忆。这一记忆保存在每个个体心灵深处，永远处于无意识领域。

集体无意识既然深藏于每个人的无意识之中，不会进入意识领域，那么人们如何能感知它的存在呢？荣格又提出了“原型”理论回答之。他认为，神话、图腾崇拜、怪诞的梦境等之中反复出现的某些意象，就是集体无意识的呈现。他将此称为“原始意象”（primordial image），又称为“原

型”（archetype）。所以，集体无意识与原型的关系就是：原型是集体无意识的呈现形态；人们通过原型去了解种族的集体无意识。

荣格的集体无意识/原型理论属于心理学的范畴。它继承了弗洛伊德对人的意识作显层次与潜层次的划分，肯定人的行为动机与人深层次的无意识有着重要的联系。但他不是从个人的经验世界里去找原因，而将它视为整个种族集体普遍存在的无意识记忆。这其中包含了一个重要的见解，即人类遗传过程中，不仅遗传了生理基因，同样也遗传了心理基因。也就是说，人一生下来大脑就不是白纸一张，而是保存了种族世传积淀的记忆。

这对于探寻人类行为的原初动因提供了新的认识角度。一般来说，探寻某一个体行为动因，可以从外因与内因两方面进行。辩证法告诉我们，内因是变化的依据，外因是变化的条件。但具体到某个个案时，内因与外因的作用会有所不同。反映论强调外部刺激造成的影响，著名论断就是“存在决定意识”。而荣格不仅继承弗洛伊德的思路，重视从人们深层次的无意识中找原因，更强调人的无意识深处的东西，不是后天积累习得，而是先天遗传普遍存在。

二、集体无意识/原型理论的不断发展与广泛应用

集体无意识/原型理论很快就被运用到文艺批评中，形成“原型批评”方法。

我们知道，对于一部文艺作品的认识，有多种思路或者说多种参照系。但任何一种方法都难以解读所有的作品或文艺现象。举例说，一部作品的内容是怎样生成的？或者说作品中的某一形象来自何处？我们可以一边看作品中的内容，一边参照作者所处的时代与社会，看作品在多大程度上反映了社会内容。但这一视角解释不了为什么同一题材不同的作家会写出不同的作品。有人提出可以从作者主观方面找原因，看他个人有什么独特的经历反映在作品中。中国古代文论中提倡的“知人论世”即这一方法。但也有人对此提出不同看法。钱钟书先生就说过：如果你觉得这个鸡蛋好吃，你会想到要去认识这个蛋是哪只母鸡所下吗？在找主观原因这一点上，又存在不同的参照系。如弗洛伊德将所有的原因都归于作家无意识深处的被压抑的性欲释放。

荣格虽然与他的老师弗洛伊德一样，也承认文学艺术创作是人的无意识内容的显示，但荣格认为无意识内容与个体性欲无关，而是种族的集体

无意识。也就是说，原型是文学艺术作品创作的原动力。文学作品中反复出现的某些意象，便是沉积在作家记忆深处的原型的显现。运用这一理论分析文艺作品，对文艺作品的创作源泉与魅力所在等问题，都获得了全新的解释。伟大作家之所以写出了伟大的作品，是因为他在作品中体现了某些原型，也就是说，他触及了种族的集体记忆。所以，他的作品获得了种族乃至全人类的共鸣。荣格是如此描述这一现象的："谁道出了原始意象，谁就发出了一千种声音，摄人心神，动人魂魄，同时他也将自己所要表达的思想摆脱了偶然性，转入永恒的领域。他把我们个人的命运纳入整个人类的命运，并在我们身上唤起那曾使人类摆脱危难，度过漫漫长夜的所有亲切力量。"他还有一句名言："不是歌德创造了《浮士德》，而是《浮士德》创造了歌德。"意思就是，《浮士德》中的意象是原始意象，歌德无意中触及了这个原型，于是，这个原型成就了歌德。

荣格的观点将我们的视线引向远古时代的人类意识。但单纯寻找原始意象的做法，又让文艺批评成了考古研究。后来者对他的学说作了不断的完善。加拿大学者弗莱对此贡献最显著。他认为原型就是"典型的即反复出现的意象"。他一方面提出要从神话中去发现原型，另一方面，他又借助"置换变形"概念，认为神话因素会不断随着社会的发展步履而"置换变形"为新的文学。整个文学发展过程是一个具有自身调整性质的结构系统。还有一些研究认为并不是所有的原型都要从神话中去寻找，只要是文学史上不断出现的意象即具有这一特质。

本人曾借助原型批评的眼光，从现代文学中发现了一个反复出现的意象"被吃——吃人"。简述如下：

鲁迅的《狂人日记》中，狂人成天焦虑的是"被吃"，但最终发现自己"未必无意之中，不吃了我妹子的几片肉"。再看围绕在狂人身边的那些"吃人"者，竟"也有给知县打枷过的，也有给绅士掌过嘴的，也有衙役占了他妻子的，也有老子娘被债主逼死的……"，他们也同样有过"被吃"的历史。"被吃——吃人"这一畸形机制决定了作品中人与人之间的关系。

"被吃——吃人"这一意象在张爱玲的成名作《金锁记》中同样存在：女主人公曹七巧饱受旧式家庭包办婚姻之苦，嫁给了一个害了软骨症（骨痨）只能长年卧床的男子，毫无性爱可言，结婚如同守活寡，在家中也饱受歧视。可一旦她成了婆婆后，她又成了一个迫害狂，破坏儿子和女儿的婚姻，用自己受过的那套苦变本加厉地去迫害儿女。不难发现，曹七巧的历史也可以概括为“被吃——吃人”的历史。

“被吃——吃人”这一意象在赵树理的小说《登记》中再次出现。小说讲述了一个三代人追求婚姻恋爱的连环套故事。张木匠的老婆“小飞蛾”婚后还恋着自己心爱的人保安，被张木匠发觉。他的母亲告诉他一套“改造教育”的法子：“痛痛打一顿就改过来了！”这老女人的这套经验从哪里来的？原来她年轻时也有过类似“小飞蛾”和保安恋爱的那么一回事，也是结婚以后让她丈夫老木匠打变过来的。以自己被摧残的经验去摧残下一代，一代代的承袭造成一代代的悲剧，这和“被吃——吃人”的模式有什么实质性的区别？中国民间流传“二十年媳妇熬成婆”这句俗话，就是对这一现象的普遍性作的概括。

这种在类似情境下唤起的潜意识，到了残雪笔下，又“置换变形”为“被窥——窥人”的意象。贯穿残雪绝大部分作品的，尤其是在《苍老的浮云》和《山上的小屋》中体现得极为鲜明的行为，便是窥视隐私和掩盖隐私，即“窥视”和“反窥视”。在残雪的小说世界里，这已经成了人们最基本的社会行为。由此引起的对别人的窥视极为恐惧的心理氛围“犹如驱之不散的阴魂”，使这个世界的每个人都“无可逃遁地为之疑惧和永久地颤抖”。这种情绪不妨称为“被窥视恐惧情结”。它是他人对自己的隐私和窥视所造成的伤害和心理变态。在《山上的小屋》中，“我”的周围布满了父亲的“狼眼”，母亲那盯得后脑勺发麻的恶狠狠的目光，以及小妹那已经“发绿”的、“刺得我脖子上长出红色的小疹子来”的“直勾勾的目光”。《苍老的浮云》中更无善处处感到邻居虚汝华对他隐私的窥视。在这个世界里，人与人之间的关系虽无惊心动魄的外在冲突，但由窥视隐私而造成的伤害却处处在吞噬着人的正常感受。在现实生活中，每个人都可能有自己的隐私，而隐私的被窥视就犹如阿喀琉斯之踵被击一般，可能置人于死地。说到底，这种恐惧感并不亚于担心“被吃”的焦虑感。更无善的脑子里时时浮现出一双女人的眼睛，像死水深潭的、阴绿的眼睛。想到自己狭长的脊背被这双眼睛盯住，就觉得受不了。所以，他给虚汝华扔了一个小纸团：“请不要窥视人家的私生活，因为这是一种目中无人的行为，比直接的干涉更霸道。”在这处处充满窥视隐私的视网中生活，人们的恐惧和焦虑感并不难理解，但他们“反窥视”的方式，却令人吃惊。更无善虽然认识到窥私比直接干涉别人更霸道，但他反侵犯的最基本方式还是

“窥视”，即反过来窥视虚汝华的生活隐私。作品中另一人物慕兰，为了反窥视，“在后面的墙上挂了一面大镜子，从镜子里可以侦察到（虚汝华）他们的一举一动”。《山上的小屋》中那位母亲的窥视行为，也是由恐惧心理作出的本能反应，“每次你来我房里找东西，总把我吓得直哆嗦”，担心隐私被窥。以自身被人侵犯的经验去侵犯他人，以变态的行为来对付变态的行为，构成了残雪小说世界中人与人之间的基本关系，“被窥——窥人”形成了这个世界中一个难以打破、难以超越的怪圈。按弗莱“置换变形”的观点，残雪小说世界中的“被窥——窥人”的意象，就是从鲁迅《狂人日记》中“被吃——吃人”的意象逐步演变，“置换变形”而成，但其实质是相通的。

按荣格的观点，像《狂人日记》、《金锁记》、《登记》到残雪的部分小说中反复出现的“被吃——吃人”意象，已经具有一种“原型”的意义了，它们所指向的应是更为古老的民族心理沉积。更进一步的研究发现，“被吃——吃人”这一现象在中国古代历史中频频出现过。鲁迅曾说过，《狂人日记》“意在暴露家族制度和礼教的弊害”，“偶阅《通鉴》，乃悟中国人尚是食人民族，因此成篇。此种发现，关系亦甚大，而知者尚寥寥也”。司马光编撰《资治通鉴》，上起周威王二十三年韩、赵、魏三家分晋，下至后周世宗显德六年，记载了从战国到五代末前后共一千三百多年的历史，目的在于“探治乱之迹，上助圣明之鉴”。说到底，就是借助历代封建王朝统治的经验去继续新的统治。鲁迅从《资治通鉴》中，敏锐地发现了“食人”二字。这“食人”的经验，被历代封建统治者视为圭臬，并且深深地潜入人们无意识之中而不易自觉。因此，鲁迅说“此种发现”“知者尚寥寥”。封建统治者以暴易暴，以前人的统治经验为借鉴，这是出于其统治需要，但被统治阶级竟也习惯于此，自己被人凌虐，不能自觉，反而借被凌虐过的经验去凌虐他人。鲁迅在《灯下漫笔》中写道：“自己被人凌虐，但也可以凌虐别人；自己被人吃，但也可以吃别人。”《左传·昭公七年》中说：“天有十日，人有十等，下所以事上，上所以共神也。故王臣公，公臣大夫，大夫臣士，士臣皂，皂臣舆，舆臣隶，隶臣僚，僚臣仆，仆臣台。”鲁迅对此深有感慨地说：“但是‘台’没有臣，不是太苦了么？无须担心的，有比他更卑的妻、更弱的子在。而且其子也很有希望，他日长大，升而为‘台’，便又有更卑弱的妻子，供他驱使了。如此连环，各得其所以……”出于层层重压下的下层阶级，居然可以去施虐于妻子儿女，足见“被吃——吃人”这种“集体无意识”不是个别的，而是普遍的，“具备了所有地方和所有个人皆有的大体相似的内容和行为方式”。以阿Q为例，他本是一个被损害和被侮辱的可怜虫，但他还时时想去驾驭王胡、小D、吴妈、小尼姑等人，在他的潜意识里，一旦“革命”成功，便要去睡秀才娘子的宁式床，搬钱家或赵家的桌椅，“自己是不动手的，叫小D来搬，要搬得快，搬得不快打嘴巴……”

徘徊于这“被吃——吃人”的怪圈中，使得中国的封建统治曾经长久地衰而不败。在世界中古史中，只有中国封建社会才有每隔两三百年发生一次的全国性的农民大起义，西欧自公元5世纪进入封建社会后，到8世纪才有农民起义的记载，规模很小，影响不大。直至14世纪，英国著名的瓦特—泰特起义，捷克的“塔波尔派运动”，起义者不过三四万人，有的则是六七千人。西欧封建社会最大的农民起义，是16世纪德国农民战争，总共也不过十几万人。总的来说，与中国封建社会农民起义相比，其规模、作用都要小得多。中国这种频繁的农民起义有不少获得成功取得了政权，但为什么中国的封建统治却久久没有从根本上得到动摇？原因固然是多方面的，其中的原因之一，难道不是“被吃——吃人”的“集体无意识”在作祟？不是因为以自身被摧残、被凌虐的经验去继续摧残凌虐他人？这里可以举秦末中国历史上第一次大规模农民起义的情况为例。贫困出身的陈胜称王后，傲视妻父，并将前去看望他的故乡穷朋友推出斩首，对部下任意杀戮。又如，目睹秦始皇暴行横施，刘邦、项羽这两个不同出身不同性格的人物分别情不自禁地抒怀：“嗟乎，大丈夫当如此也!”“彼可取而代也!”这些，都只不过是同一“集体无意识”的不同显现方式而已。刘邦出身农民，懂得农民阶级的疾苦，又身为亭长，懂得地主阶级的统治方法。一旦他当了权，类似的情境唤醒了他潜意识中以“被吃”的经验去“吃人”，“狡兔死，走狗烹；高鸟尽，良弓藏；帝国破，谋臣亡”。《水浒》中“宋江投降了，就去打方腊”，也反映出同样的思维习惯。

三、集体无意识/原型理论给我们的启示

集体无意识/原型理论源于弗洛伊德的心理分析学说，又在这一基础上作了极大的修正。这一理论给我们的启示主要是：

第一，它强调了文化发展中历史延续的重要性，启示我们分析问题要从远古的历史中去找根源。如对于文学艺术作品而言，反映论强调的是当

下社会在作品中的反映，忽略了历史积淀的作用。而集体无意识/原型理论则将这一点充分强调，甚至提出要从神话中去寻找原始意象，寻找永恒不变的深层内容，从而可以避免观察问题受一时一地狭窄视野的局限。

第二，它强调集体无意识的存在，启示我们对某些文化现象要从超越阶级、阶层的角度，去分析其中的那些普遍存在却又不被发觉的历史积淀中的心理因素。由于它观察事物的视野广、时间长，所以，它更能注重事物之间的相似性，有利于考察人类文化现象中的相同点。

第三，它培养我们一种观察历史长河的宏观眼光。原型批评注重寻找作品中的原始意象，这只有在宏观的视野中才能发现。为此，加拿大的弗莱提出以“向后站”的观察方法。就是要从作品近处向后退，眯上眼睛，略去一切繁文缛节，不受作品具体内容的干扰，从大处把握作品的主干结构。他说：“看一幅绘画，我们可以站在它的近处，分析它的工笔和调色刀的细节……稍微向后站一点，画面设计就看得清楚一些，我们宁可研究它所表现的内容。例如，现实主义的荷兰画，那种我们觉得理解画意的地方是最好的距离，再向后退一些，我们就更了解画面构成的设计。又例如，我们站在离一幅百合花画很远的地方，我们只能看到百合花的原型，一大片向心的蓝色，有意思的中心点与之对照。在文学批评里，我们也常常不得不从诗‘向后站’，以便看到它的原型组织。如果我们从斯宾塞的《变幻的乐章》‘向后站’，我们看到一个有次序的光圈的背景，以及一个不祥的黑团突进低处的前景——颇像我们在《约伯书》开始时所见的原型形式。如果我们从《哈姆莱特》第十五场的开始‘向后站’，我们看到舞台上一个墓正被打开，主人公、他的敌人以及女主人公下到墓穴，接着是上面世界一场关键的搏斗。如果我们从一部现实主义小说——如托尔斯泰的《复活》或左拉的《萌芽》——‘向后站’，我们可以看到那些书名所指的神话般的构思。”

四、延伸阅读

1. ［瑞士］荣格. 集体无意识和原型. 文艺理论译丛（第1辑）. 北京：中国文联出版公司，1983

2. 张隆溪. 诸神的复活——神话与原型批评. 读书，1983（6）

5. 要物质追求，更要有精神追求——

需求五层次（Hierarchy of Needs）

需求五层次

饥肠辘辘的穷人甚至对
最美的景色都无动于衷。

一、人类需求的五层次

需求对于一个人来说，是再正常不过的事。而且我们还知道，人的需求欲望是无止境的。温饱问题解决了，又有住房要求，想成为有车一族，还想有舒适的休闲，有开心的旅游……人是情感丰富的高级动物，其存在依靠各种各样的需求以及对这些需求的满足。那么，人类究竟有哪些主要需求？这些需求之间是什么样的关系？马斯洛关于人类需求五层次的理论对这些都作了具有权威性的解释。

美国社会心理学家亚伯拉罕·马斯洛于1943年出版了《人类动机的理论》（*A Theory of Human Motivation Psychological Review*）一书，首次提出了需求层次论。他把需求分成生理需求、安全需求、社会需求、尊重需求和自我实现需求五类，依次由较低层次上升到较高层次。

（1）生理上的需求。这是人类维持自身生存的最基本要求，包括衣食住行与性方面的要求。如果这些需求得不到满足，人类的生存就成了问题。只有满足这些最基本的需求达到维持生存所必需的程度后，其他的需求才能成为新的激励因素。在这个意义上说，生理需求是推动人们行动的最强大的动力。

（2）安全上的需求。生理需求满足后，人类就有了高一级的需求——安全需求。安全需求包括生命安全、财产安全等。马斯洛认为，整个有机体是一个追求安全的机制，人的感受器官、效应器官、智能和其他能量主要是寻求安全的工具。

（3）情感上的需求。这一层次的需求包括两个方面的内容：一是友爱的需要，即人人都需要伙伴之间、同事之间的关系融洽或保持友谊和忠诚；人人都希望得到爱情，希望爱别人，也渴望接受别人的爱。二是归属的需求，即人人都有一种归属于一个群体的感情，希望成为群体中的一员，并相互关心和照顾。

（4）尊重的需求。人人都希望自己有较好的社会地位，要求个人的能力和成就得到社会的承认。尊重的需求又可分为内部尊重和外部尊重。内部尊重就是人的自尊。它是指一个人希望在各种不同情境中有实力、能胜任、充满信心、能独立自主。外部尊重是指一个人希望有地位、有威信，受到别人的尊重、信赖和高度评价。马斯洛认为，尊重需求得到满足能使人对自己充满信心，对社会满腔热情，体验到自己活着的意义和价值。

（5）自我实现的需求。这是最高层次的需求，它是指实现个人理想、抱负，最大限度地发挥个人的能力，完成与自己的能力相称的一切事务的需求。也就是说，人必须从事称职的工作，这样才会使他们感到最大的快乐。

马斯洛提出，人的需求的层级性建立在以下的假设之上：首先，人要生存，他的需求能够影响他的行为；其次，人的需求按重要性和层次性排成一定的次序，从基本的需求（如食物和住房）到复杂的需求（如自我实现）发展；最后，当人的某一级的需求得到最低限度满足后，才会追求高一级的需求，如此逐级上升，成为推动继续努力的内在动力。

马斯洛最大的贡献不在于发现了人的需求，而在于将人的各种需求划分为由低到高的不同层次，并且指出，只有当低层次的需求满足后，人们才会有更高一层的需求。

二、需求理论的应用

马斯洛需求理论揭示了人的需求的丰富性与层次性。它的应用面很广。我们从社会与个人两个方面来作介绍。

（1）需求理论与社会管理。就社会方面来说，用需求五层次去管理社会有益于社会的安定与和谐。比如，在一个时期里，“耕者有其田”是社会稳定的标志；再进一步，“楼上楼下，电灯电话”是一个诱人的境界；到今天，房子、车子等又成了新社会的需求热点。社会管理者自然要依据社会发展的新情况去满足人们新的需求目标。马斯洛认为，一个国家多数人的需求层次结构，同这个国家的经济发展水平、科技发展水平、文化和人民受教育的程度是直接相关的。在不发达国家，生理需求和安全需求占主导的人数比例较大，而高级需求占主导的人数比例较小；在发达国家，则刚好相反。在同一国家不同时期，人们的需求层次也会随着生产水平的变化而变化。

马克思曾经说过：“对于一个饥肠辘辘的人来说，并不存在食物的属人的形式，而只存在着它作为食物的抽象的存在……忧心忡忡的穷人甚至对最美的景色都无动于衷。”[1] 也就是说，衣食住行是人生存的最基本要求，因为这与生命的维系有关。一个人如果连生命的维系都无法保障，他怎么能够有心力去欣赏那些美好的事物呢？在一个社会中，如果这样的人很多的话，那它的发展就会受阻。在国家的发展中，如果整体的经济水平偏低，其他的发展指数也会相对落后。例如一个非洲原始部落，要它用一年时间就进入现代文明社会的轨道是痴人说梦。同理，如果国内发展失衡，如贫富分化过大或地区差异非常明显，就会出现社会问题和各种矛盾，所以一个健康的、和谐发展的国家必须要遵循科学规律。只有在整体实力提升的基础上，国家才会壮大。

2009 年，深圳富士康连续 13 次发生员工跳楼自杀事件。据说管理方开始是从“风水”上找原因。《南方周末》记者刘志毅曾于 2010 年初到富士康卧底，对此事进行调查，发现“十三跳”背后有诸多的原因。生活的压力过重，令大多数 80 后或 90 后的员工难以承受，之前人生的许多规划甚至梦想在现实面前无从谈起。生存要求得不到合理的解决，当然更别谈其他的需求了。其中有一个细节是，公司员工不少都处在恋爱季节，然而严格的管理制度和狭窄的生活空间使得他们在交往上出现不同程度的障碍，久而久之引发心理偏向，并在行为上表现为过激和片面。可见，企业对员工的需求应当有清醒的了解，要针对这些需求去关心他们，设法满足他们的需求。后来企业从员工需求上多方关心，终于化解了这一难题。

在 2010 年的新春团拜会上，国务院总理温家宝强调，要让人民生活得更加幸福、更有尊严；要尽一切努力，切实解决好民生问题；千方百计创造更多就业机会，持续提高城乡居民的收入水平，让每个劳动者各尽所能，各得其所；加快完善社会保障体系，使人民群众老有所养、病有所医、住有所居，努力解除他们的后顾之忧；大力发展教育事业，促进教育公平，提高教育质量，让每个孩子都能上学、上好学。这一新的提法站在战略的高度，其目标就是要实现全社会的共同发展和进步。这是老百姓温饱得到解决之后提出的更高要求。过去在饭都吃不上的情况下大谈做思想工作，谈崇高理想，是有悖需求规律的。脱离需求实际，在低层次需求尚未满足的情况下大谈思想革命，后被人讽为“假大空”。

---

① ［德］马克思. 1844 年经济学哲学手稿. 北京：人民出版社，1979. 79 ~ 80

（2）需求理论与个人激励。就社会个体——人的方面来说，需求理论主要应用在对个人的激励上。对有些人来说，百元奖励可谓雪中送炭；对有钱者来说，根本起不到激励作用。显然后者的需求层次已高于前者。鲁迅说：贾府里的焦大不会爱林妹妹，捡煤渣的穷老婆子不会种兰花。作为贾府的“下人”，他要辛勤地伺候“主子”才能混一口饭吃，哪有闲情逸致去饮酒赋诗风花雪月呢？再者，林妹妹又是一娇惯了的主，成天心事重重、娇娇滴滴、病病蔫蔫的，凭焦大的经济实力，即便是看一次病都要东拼西凑。那样的话，糊口就成问题了，因此，貌若天仙的林妹妹他也只有躲的份，爱不起呀！俗话说，需要决定选择。低一级的需求如生计未能解决之时，何谈高一级的追求？

有这样一个故事：

一个哲学家，到海边散步，思考他的一些哲理问题，看到一个渔民躺在沙滩上晒太阳。

哲学家走过去问：你怎么还在晒太阳，不去打鱼？

渔民问：打鱼干吗？

哲学家说：打鱼可以赚钱呀。

渔民问：赚钱为了什么？

哲学家说：赚钱就可以买船呀。

渔民问：买船干吗？

哲学家说：有了船就可以打到更多鱼，赚更多的钱呀。

渔民问：赚那么多的钱为了什么？

哲学家说：那样你就可以舒服地晒太阳了。

渔民说：我现在已经在晒着太阳了呀！

这个故事表面上看是讽刺哲学家的徒劳，绕了一个大圈子是为了“晒太阳”，而人家渔民早晒上太阳了。但我们仔细一想，一个饥肠辘辘的穷人晒太阳时的感受，与一个衣食无忧、追求精神享受的富人晒太阳时的感受，两者肯定是不一样的。

生活中也有这种情况，当我们长途跋涉去一些人迹罕至的地方欣赏大自然的美景时，也有人说这是“花钱买罪受”，不如拿这些钱在家好好奢侈一顿。可以想见，如果以旅游为手段去激励后者，肯定不如照他们所说的以“奢侈一顿”去激励他们的效果好。

三、需求理论的启示

需求理论是对人的需求的丰富性与多层性的研究，有助于我们对人的自身的了解。沿着这一理论进一步思考，它给我们的启示在于：如何看待人的需求中物质与精神的关系。

马斯洛需求五层次理论，应该说是彻底的唯物主义思想。它描述了人的追求由物质到精神、由温饱到愉悦的层次之不可逾越，强调了物质的基础意义。这一点，与我国古代哲人管子所说的“仓廪实则知礼节，衣食足则知荣辱”观点一致，符合唯物主义所坚持的“存在决定意识”的观点。

的确是这样，很多情况下，当物质需求未达到一定的程度时，一些精神上的追求往往让人觉得不可思议。有一个段子说，农民对城里人很是不理解：“俺刚穿上新衣裳，您又开始打补丁了。俺刚吃上白馒头，您又开始吃窝头了。俺刚吃上蔬菜，您又开始吃野菜了。俺刚吃上白糖，您又开始尿糖了。”应该说，这个段子所说的“城里人”，其需求已经不是温饱之需了，刚解决温饱的农民自然难以理解。一名捷克的汉学家撰文说，她在20世纪60年代来到中国，那时的中国处于贫困线上，缺衣少食。为了节省布匹，当时中国提出的口号之一就是敦促妇女把裙子缩短一厘米。[①] 今天的年轻人如果不了解这段历史，他们可能会认为那时政府提倡短裙，一定是开放之举，是追求美的举动。殊不知这其中捉襟见肘的无奈。

由此可见，当人们某一阶段的需求尚未得到满足时，高层次的需求对于他们来说并不能为他们所接受。一个需要雪中送炭的人，通常难以理解锦上添花之妙。

另外，人的需求层次并非完全像马斯洛所说的那样绝对不可跨越。我们也可以找出不少例子证明在低层次需求没有满足前，人也有高层次追求的动机与行为。

作家余秋雨有一篇散文《垂钓》。文中写了一胖一瘦两个钓鱼翁：胖

① ［捷克］伊万娜·巴凯绍娃．目睹巨变的中国深感幸福——一名汉学家看新中国60年变迁．参考消息，2010－09－09（13）

翁的钓竿上有六只小钩子，一起竿就可同时钓到六条小鱼，他很快就可以满载而归；瘦翁用的是大钩，他非大鱼不钓，也就基本上钓不到鱼。余秋雨夫人说，胖翁是个物质追求者，瘦翁是个精神追求者。余秋雨刻意安排物质追求者胖，精神追求者瘦。钓不到鱼，自然是温饱不保；温饱不保，人也就瘦。如果是按马斯洛的需求理论，不钓小鱼而专要钓大鱼却不得者，应该是那个胖翁。只有物质需求解决了，才有精神追求啊！《垂钓》揭示了精神与物质之间的不成比例的现象。如果说余秋雨的散文可能有虚构痕迹，那么史料记载中这种例子也数不胜数。中国古代有名的例子如“嗟来之食”。《礼记·檀弓》载：“齐大饥。黔敖为食于路，以待饿者而食之。有饿者蒙袂辑屦，贸贸然来。黔敖左奉食，右执饮，曰：‘嗟！来食！’扬其目而视之，曰：‘予唯不食嗟来之食，以至于斯也。’从而谢焉，终不食而死。”天下大闹饥荒，黔敖好意救助饥肠辘辘者。对那位“蒙袂辑屦，贸贸然来”的饿者，黔敖说的“嗟！来食！”翻译成白话，就是“喂，过来吃！”应该只是语气上有些不恭，万万没料到，饿得这样摇摇晃晃的饥民竟还保持着自己的人格尊严，就是不接受他的食物，宁愿活活饿死。真是宁为玉碎，不为瓦全。可见，我们所说的“气节”，是可以超越马斯洛所说的层次的。

我们还可以将这一问题放大延伸来讨论。在社会发展中，精神与物质发展也存在不平衡状态。这一点，马克思在《〈政治经济学批判〉导言》中曾有过论述。他以艺术发展为例：“关于艺术，大家知道，它的一定的繁盛时期决不是同社会的一般发展成比例的，因而也决不是同仿佛是社会组织的骨骼的物质基础的一般发展成比例的。”马恩认为，艺术的发展并不同一定的生产力发展成比例发展。所以他们认为希腊艺术和史诗在生产力高度发达的今天，“还是一种规范和高不可及的范本”①。

马斯洛的需求理论在20世纪80年代初传入中国，带给我们非常强烈的震动。因为我们刚刚经历的革命年代，过分强调精神的力量而否定正当的物质需求；一个标榜唯物主义的国度，却不能满足人们的温饱需求，不能容忍人们最起码的生存需求，所以，马斯洛的需求理论在当时确有拨乱

---

① 马克思，恩格斯．马克思恩格斯选集（第二卷）．北京：人民出版社，1995．112～114

反正之效。但我们也应当防止“唯物”的庸俗化，不能由此否认人们的追求在某些情况下具有一定的超越性。有一个小故事，与马斯洛的观点颇有出入，却令人咀嚼，兹录于下，作为全文的结尾：

第二次世界大战刚结束，到处是一片废墟。有两个美国人去访问一户住在地下室里的德国居民。离开那里之后，两人有了如下对话：

甲：你看他们能重建家园吗？

乙：一定能！

甲：你为什么回答得这么肯定呢？

乙：你看到他们在地下室的桌子上放着什么吗？

甲：一瓶鲜花。

乙：对。任何一个民族，处在这样困苦的境地，还没有忘记爱美，那就一定能在废墟上重建家园！

四、延伸阅读

1. ［美］马斯洛. 人的潜能和价值. 林方等编译. 北京：华夏出版社，1987

2. 周三多. 管理学. 北京：中国石化出版社，2010

（与吴志文合写）

6. 自我引导，给自己设计一个合适的“鸟笼”——

鸟笼效应（Cage Effect）

鸟笼效应

即使这个主人长期对着空鸟笼而并不感到别扭，但每次来访的客人都会很惊讶地问他这个空鸟笼是怎么回事，或者把怪异的目光投向空鸟笼，每次如此。终于他不愿意忍受每次都要进行解释的麻烦，他有两个选择：丢掉鸟笼或把鸟买回来与之相配。

一、“鸟笼效应”概述

“鸟笼效应”描述的是一个有趣的心理现象。它说的是，如果一个人买了一个空的鸟笼放在自己家的客厅里，过了一段时间，他一般会丢掉这个鸟笼或者买一只鸟回来养。其原因是这样的：即使这个主人长期对着空鸟笼而并不感到别扭，但每次来访的客人都会很惊讶地问他这个空鸟笼是怎么回事，或者把怪异的目光投向空鸟笼，每次如此。终于他不愿意忍受每次都要进行解释的麻烦，他有两个选择：丢掉鸟笼或者把鸟买回来与之相配。经济学家解释说，这是因为买一只鸟比解释为什么有一只空鸟笼要简便得多。即使别人不来问你，“鸟笼效应”也会给你造成一种心理上的压力，终究会主动去买来一只鸟与笼子相配套。因为一般的情况都是，如果有鸟笼，必然就要有鸟的存在。

鸟笼效应的发现者是近代杰出的心理学家詹姆斯。1907 年，詹姆斯从哈佛大学退休，同时退休的还有他的好友物理学家卡尔森。一天，两人打赌。詹姆斯说：“我一定会让你在不久后就养上一只鸟的。”卡尔森不以为然：“我不信！因为我从来就没有想过要养一只鸟。”没过几天，恰逢卡尔森生日，詹姆斯送上了礼物——一只精致的鸟笼。卡尔森笑了：“我只当它是一件漂亮的工艺品。你就别费劲了。”从此以后，只要客人来访，看见书桌旁那只空荡荡的鸟笼，他们几乎无一例外都会问：“教授，你养的鸟什么时候死了？”卡尔森只好一次次地向客人解释：“我从来就没有养过鸟。”然而，这种回答每每换来的却是客人困惑而有些不信任的目光。无奈之下，卡尔森教授只好买了一只鸟。詹姆斯的“鸟笼效应”奏效了。

由此，我们可以概括出鸟笼效应的内涵：受思维定式的支配，为某一事物寻找与之匹配的事物而引发的连锁反应。

二、“鸟笼效应”在实践中的应用

“鸟笼效应”在实践中的应用可以分为有形与无形两种现象来讨论。

（1）有形的表现。在市场营销中，一些商家受“鸟笼效应”的启发，对用户采取先送后取的做法。据笔者的女儿说，她在加拿大、美国上学期间，所使用的手机都是由电信运营商免费提供的。可是接受免费手机的前提是要签协议的：至少要用他们的服务两年，不可以转其他公司。也许手机的价值已经包含在两年的服务费里面了。或者还有给你以低价买高档智能手机的选择，可是前提是你必须要用高级服务（如上网套餐等），而每个月会被收取很高的服务费。而且送的手机往往还是上了锁的，只可以用那一家公司的 SIM 卡。不同的运营商之间为了拉拢顾客，还竞相地提高所送手机的档次，让你见了不得不怦然心动。类似这种营销手段的还如“套餐消费”，其实就是一种捆绑式消费。让你为了 A，不得不要有 B；而有了 B，还会去希望有 C……如此连环，欲罢不能。俗话说，好马配好鞍。他可能先送一匹好马。好马虽贵，但你不可能养马不骑马。好了，你要骑马，就必须要有个马鞍。你手头是一好马，就得配好鞍吧。你要配好鞍，就得找他，因为好鞍就在他手头——他早就为你的好马设计好了好鞍；然而，此时那好鞍的价格，就包含那好马的价格了。

其实这样的故事在生活中也不乏其例。据说 18 世纪法国著名哲学家狄德罗曾收到朋友送给他的礼物——一件质地精良、做工考究、图案高雅的酒红色睡袍。他非常喜欢，但在家中穿着华贵的睡袍似觉不对劲。他发现家具的风格有些不对，地毯的针脚也粗得吓人。于是，为了与睡袍配套，他把旧的东西先后更新，家具终于都跟上了睡袍的档次。不过，他还是觉得不舒服，叹息“自己居然被一件睡袍指挥了，甚至是胁迫了”。

（2）无形的表现。这往往是一种潜移默化的影响与培养。比方说，公共场所的干净程度会影响人们的卫生习惯。我有一个朋友买的是万科房产的房子，对万科的物业管理很是感叹。万科的物业管理，不仅仅是硬件条件好，更重要的是它的管理人员个个都待住户如上帝，让你倍有尊严；在这样一种环境下生活，人也就特别检点自己的行为，不乱丢乱扔，人也变得高尚起来了。再比方说，人们入住五星级酒店，见到里面的高档的设置、干净的环境，也会希望自己的穿着打扮、行为举止与之适应。20 世纪 80 年代初，江苏一个著名作家高晓声写的一篇小说《陈奂生进城》，写的是一个农民在车站里感冒发烧，糊里糊涂被县委书记送进了县委招待所。他醒来后，为县委书记的仗义而感动。此时作品有这样一段描写：

陈奂生想罢，心头暖烘烘，眼泪热辣辣，在被口上拭了拭，便睁开眼来细细打量这住的地方，却又吃了一惊。原来这房里的一切，都新堂堂、亮澄澄，平顶（天花板）白得耀眼，四周的墙，用青漆漆了一人高，再往上就刷刷白，地板暗红闪光，照出人影子来；紫檀色五斗橱，嫩黄色写字台，更有两张出奇的矮凳，比太师椅还大，里外包着皮，也叫不出它的名字来。再看床上，垫的是花床单，盖的是新被子，雪白的被底，崭新的绸面，呱呱叫三层新。陈奂生不由自主地立刻在被窝里缩成一团，他知道自己身上（特别是脚）不大干净，生怕弄脏了被子……随即悄悄起身，悄悄穿好了衣服，不敢弄出一点声音来，好像做了偷儿，被人发现就会抓住似的。他下了床，把鞋子拎在手里，光着脚跑出去；又眷顾着那两张大皮椅，走近去摸一摸，轻轻捺了捺，知道里边有弹簧，却不敢坐，怕压瘪了弹不饱。然后才真的悄悄开门，走出去了。

在这里，谁也没有提醒陈奂生应当如何注意自己的行为，是招待所的环境使他主动对自己的行为有所规范。

三、“鸟笼效应”的启示

“鸟笼效应”揭示的这一有趣的心理现象给了我们什么启示？

（1）在个人成长中，如何给自己设计一个合适的“鸟笼”十分重要。我们可能都有这样一种体验，当你对自己的身份角色有某种认同后，你就会努力去扮演这一角色。笔者本人就有这方面的体会。我是1979年考上南京大学中文系的。当时班上的同学几乎个个自我感觉良好。不仅是自我感觉，整个社会都是一种精英教育的氛围，满耳听到的都是“天之骄子”、“社会栋梁”之类的身份描述。在这种情况下，自身就慢慢滋生出“天将降大任于斯人”的高尚感，就慢慢会注意自身的行为举止是否有失身份？我上大学前在工厂当过三年工人，学会了抽烟。记得刚到大学，上晚自习时烟瘾上来，偷偷溜出教室到外面抽烟。见到人行道上个个都在谈论学习，行色匆匆地往教室赶，看到一闪一闪的烟头与周边环境非常之不协调，想到自己已经由工人变成了大学生，就马上将烟掐灭，将口袋中的烟盒也捏扁扔进垃圾桶。大学四年就再没抽烟。还有在课堂上，我开始总是习惯性地将脚缩到凳子上。一旦意识到这是不雅行为，马上自责，迅速改正。人们说，很多时候我们都会先在自己的心里挂上一只笼子，然后再不由自主地往里面填满一些东西。每个人的愿望和需求不一样，要达到什么目的、实现怎样的理想，都会有一个心理预设，从而不断地把这些任务一一完成。我上大学的感受真是如此。

据说，商纣的王叔箕子见到纣王用象牙筷子时很担心。因为有了象牙筷子，杯子也换成了犀玉杯；有了象牙筷子犀玉杯，纣王就不会吃粗粮食豆汤，要吃牛肉、象肉、豹肉、未出世的胎肉等精美的食物；吃上牛肉、象肉、豹肉、胎肉，就不会穿着短的粗布衣在茅屋中食饭，就得穿着很多华衣美服，在华丽的宫殿进食。箕子担心的是，如此下去会导致亡国。这是从反面来看“鸟笼效应”。

（2）社会管理中，适合的“鸟笼”也可以产生积极的导向作用。如前所述，一个干净、考究的酒店可以让人注意不乱丢乱扔，放大来看，一个干净的社会环境同样也可以规矩人的行为举止。邓小平有一句名言：好的制度能让坏人干不了坏事，不好的制度能让好人变坏。以我国近期出现的一些贪官为例。新官上任时他们中不少都曾有过好的政绩，但当更大的权力到手后，环顾其周边，都在按官场“潜规则”行事，自身就会同流合污地干下去。周边的官场生态让他们产生一种错觉，你有一只鸟笼，你必须要往其中填鸟。否则会被别人视为另类，就像那位得到了詹姆斯所赠送的鸟笼的教授一样，别人天天会问为什么没鸟。与其反复解释，不如就放进一只鸟好了。

以这种眼光去看待我国宣传部门提倡新闻报道必须以正面报道为主，以正面的报道去引导人的做法，或许会多一点理解与认同。即使在西方，批评家们对大量的负面报道所形成的社会“鸟笼效应”，同样是持有谴责态度的。请看一位专家的意见：

在收集和展现当天的新闻时，报界普遍习惯于把重点集中在社会邪恶上，尽可能地着重在生活的阴暗面，利用罪恶、不道德行为和丑闻而自肥。

我们经常被人告知，曝光是救治社会邪恶的良药，在某种程度上，这是对的。但曝光也能成为堕落和罪恶的宣传工具（我相信事情通常就是这样）。

……由于给予不道德行为和犯罪新闻过多的重视，也会无意中促使读者从最坏的角度去看待自己的同伴，从而加强了我们正谈论的反社会趋势。有可能羞辱我们同伴的材料被当成好的新闻素材，而有可能驱除这种羞辱（即使这种羞辱已被证明是不公正的）的东西却不被报纸重视，这种现实难道不可悲吗？我们社会生活中最迫切的需要之一难道不是对邻居的善意，难道不是要尽量看别人好的一面，难道不是培养对别人的信心，难道不是尽量说我们所认识的人们的长处？秉持这些慷慨和善意理念的舆论不是会给我们带来更公正的法律、更稳定的社会秩序、更繁荣和安定的联邦吗？报纸难道不是在保证这些条件方面肩负着非常重大的责任吗？[①]

可见，一味的负面报道，也有可能加强人们的反社会趋势。这是鸟笼效应的负面作用，我们应当力避。

四、延伸阅读

林少波. 最佳员工生存手册. 北京：现代出版社，2004

（与吴志文合写）

① ［美］利昂·纳尔逊·弗林特. 报纸的良知. 北京：中国人民大学出版社，2005. 198

7. 在激烈的竞争中发现自己能否不败——

鲶鱼效应（Catfish Effect）

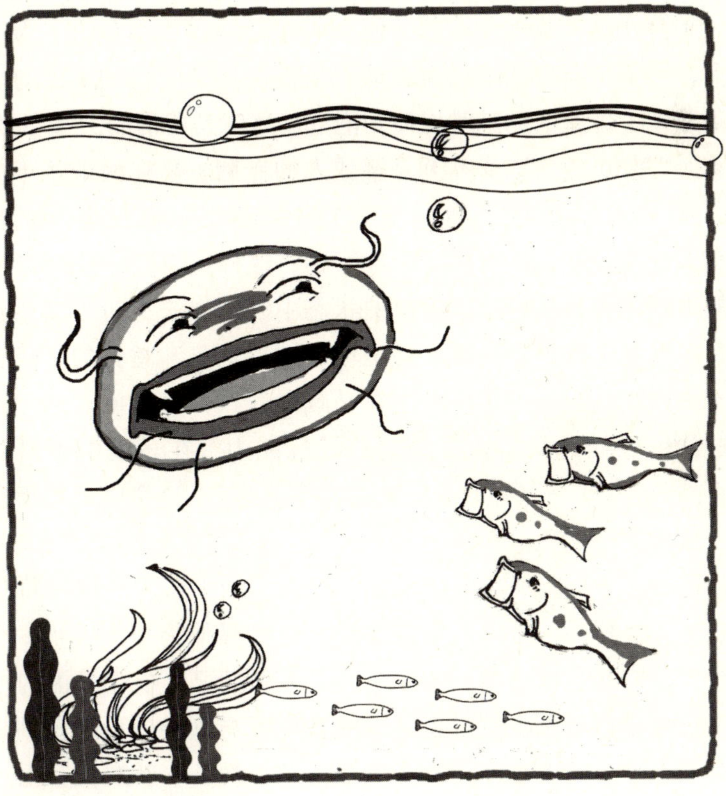

鲶鱼效应

保持沙丁鱼鲜活的诀窍就是在鱼槽里多放一条鲶鱼。因为鲶鱼是食肉鱼，放进鱼槽后，便会四处游动寻找小鱼吃。

一、“鲶鱼效应”概述

挪威人爱吃沙丁鱼。他们在海上捕到沙丁鱼后，如果能让鱼活着抵港，卖价就会比死鱼高好几倍。但是，由于沙丁鱼生性懒惰、不爱运动，返航的路途又很长，因此捕捞到的沙丁鱼往往不到码头就死了，即使有些活的，也是奄奄一息。只有一位精明的船长，他的沙丁鱼总是活的，而且很生猛，所以他赚的钱也比别人的多。其秘密何在？直到他死后，人们打开他的鱼槽，才发现保持沙丁鱼鲜活的诀窍就是在鱼槽里多放一条鲶鱼。因为鲶鱼是食肉鱼，放进鱼槽后，便会四处游动寻找小鱼吃。为了躲避天敌的吞食，沙丁鱼会自然地加速游动，从而保持了旺盛的生命力。如此一来，一条条沙丁鱼就活蹦乱跳地回到渔港。这就是所谓的“鲶鱼效应”。

其实，“鲶鱼效应”算不上是挪威人的专利。早在两千多年前，我国古代的养马人就深谙其意。他们在马厩中养猴，以避马瘟。原理是什么呢？据有关专家分析，因为猴子天性好动，这样可以使一些神经质的马得到一定的训练，使马从易惊、易怒的状态中解脱出来，对于突然出现的人或物以及声响等不再惊恐失措。马是可以站着消化和睡觉的，只有在疲惫和体力不支或生病时才卧倒休息。在马厩中养猴，可以使马经常站立而不卧倒，这样可以提高马对血吸虫病的抵抗能力。在马厩中养猴，以“辟恶，消百病”，养在马厩中的猴子就是“弼马瘟”。这个弼马瘟所起的作用就相当于鱼槽里的鲶鱼。

“鲶鱼效应”里有四个重要元素：鲶鱼、沙丁鱼、鱼槽和将鲶鱼放进鱼槽的船长。鱼槽是沙丁鱼的生存空间，也可延伸为一个组织、企业或者机构；沙丁鱼则是鱼槽中的“土著”，是这个组织、企业或机构中既有的成员；船长可以被看做企业或者组织的管理者与领导者；鲶鱼则是管理者引进的外来人才，或者是新技术、新工艺、新设备、新观念。上述四个元素互相作用、互相影响，共同构成了一个动态的生态空间。

二、“鲶鱼效应”的应用

“鲶鱼效应”的实质是激励手段的运用，通过引入外来竞争力量，打破原有格局，以增加结构体的活力与生命力。这在某种意义上，同“流水不腐，户枢不蠹”不谋而合：运动中的事物才会有生机、有活力。

大家都比较熟悉草原狼的故事。澳大利亚一个牧场上原先狼群出没，经常吃羊。于是，牧民求助政府将狼赶尽杀绝。结果，狼没了，羊的数量大增，牧民们很高兴。可是，若干年以后，人们发现，羊的繁殖能力大大下降，并且体弱多病，羊毛质量也大不如从前。这个时候，牧民们才明白，失去了天敌，羊的生存和繁殖基因也退化了。于是，牧民又请求政府再把狼引进来。

同样，一个人如果没有对手，将会甘于平庸、碌碌无为。一个团队如果过于安逸稳定，将人浮于事、效率低下。因此，在团队管理中，“鲶鱼效应”的运用比比皆是。在这一方面，日本的本田公司就做得非常出色，值得我们借鉴。本田公司每年重点从外部“中途聘用”一些精干的、思维敏捷的、30岁左右的生力军，有时甚至聘请常务董事一级的“大鲶鱼”。这样一来，公司上下的“沙丁鱼”都有了触电式的感觉，业绩自然蒸蒸日上。

目前，一些机关单位实行的公开招考和竞争上岗，也是很好的典型。2010年2月3日，深圳率先对当地的公务员进行改革，将深圳市公务员细分为综合管理类、行政执法类、专业技术类三个类别，除了综合管理类仍沿用以往的管理模式，行政执法类、专业技术类公务员都将实施聘任制，这标志着深圳公务员正式告别“铁饭碗”时代。“公务员”一直是被人艳羡的稳定职业，以致“国考”年年升温，去年146万人报考再创历史新高。相比之下，公务员的管理制度并没有随着公务员热而日趋成熟，反而屡遭诟病。在公务员管理中引入聘任机制，原本“稳定”的职业不再稳定，“铁饭碗”变成了“瓷饭碗”，将会激发公务员务实、敬业、再学习的积极性。

再看经济全球化给中国带来的冲击。银行对外资开放，成品油批发市场对外资开放，基础电信业对外资开放……更多的外资将取得“国民待遇”，垄断的优势必将随着加入WTO的承诺而逐渐缩小乃至消失。随着更多的外资进入中国市场，在所难免的竞争将促使国有企业痛下决心克服积弊沉疴，焕发活力，应对挑战。

还有Google（谷歌），近几年来全球有识之士一再发出警告：这条“文化鲶鱼”正在对非美式文化进行大肆侵略。当谷歌斥资2亿美元，聚集哈佛、斯坦福、牛津等大学和纽约公共图书馆欲耗时10年共同推动

“数字化图书世界计划”时，法国媒体将其形容为“泛谷歌化”和“对欧洲的羞辱”，随即高调推出Quaero搜索引擎计划，打响一场“法兰西文化保卫战”。德国、意大利、西班牙等19个国家的图书馆，承诺推动“猛犸计划”，将完成45亿页文字的数字化。整个欧盟，除了同样说英语的英国外，都聚拢在一起，开始努力打造欧洲自己的网上图书馆。反对文化入侵、壮大自身力量、发展新技术新产品、阻断侵略和垄断，似乎正在成为人们的共识。如此，坏事倒是变成了好事。非美国制造的搜索产品开始急起直追，老板们在思考：是美国人太贪，还是我们太懒？我们本来也是聪明的，为什么被他玩弄于股掌之上？在中国，百度的兴盛就是一个很好的例子。它以约150亿美元的市值领跑中国互联网企业，高喊着“更懂中文”，陆续推出“上起先秦、下至清末的历代文化典籍的国学搜索服务”和“开放式中文百科全书服务”，以全球迅速增长的中文网民市场为自己的坚强后盾，向谷歌叫板！更有人呼吁要举全国180万家网站之力，提高网络文化生产力和影响力，建立应对网络文化入侵机制，科学评估国外网络巨头的渗透对国家文化信息安全的实际威胁，编制合作、共赢的底线，及早提出国家应对善策。这是不是典型的“鲶鱼效应”？身价不菲的沙丁鱼们昏昏欲睡，而肉食者鲶鱼的到来，使它们为逃生而龙腾虎跃、生机勃勃。从这个角度来看，“沙丁鱼”们要感谢将其置之死地而后生的谷歌“鲶鱼”，是它带来了生死之间的激励和竞争！

三、“鲶鱼效应”的启示

“鲶鱼效应”看似简单却蕴含智慧，带给我们丰富的启迪。在此，主要谈两点：

其一，好与坏的辩证转换。

“塞翁失马，焉知非福，塞翁得马，焉知非祸”，频频出现于文学作品或日常口语中，或用来说明世事变幻无常，或比喻因祸可以得福，坏事可以变为好事。一切事物都在不断发展变化，好事与坏事，这矛盾的对立双方，可以在一定的条件下向各自的相反方向转化。

“鲶鱼效应”中，鲶鱼的到来让沙丁鱼不得安宁，这对沙丁鱼来说可不是什么好事。然而沙丁鱼因为紧张而拼命游动，增强了为生存而竞争的潜在意识，激发了体内的活力，延长了存活期。于是，坏事也变成了好事。锦衣玉食是人们追求的好生活，人们需要光鲜的衣服、高蛋白饮食，但长期过这样的生活的人们容易得富贵病，会出现高血脂、高血糖。粗茶淡饭是苦日子，没有美味佳肴，然而过这种生活的人们与疾病无缘，健康长寿。出门坐车，方便快捷，走路速度慢，身体劳累。但长时间坐车的人们，因缺少锻炼，身体容易发福。而经常走路的人们身材苗条，不会有高血脂。

同样的道理，“鲶鱼效应”让我们获得对“反面教材”的一种新的解读，如一些学者对一些反面的历史人物、历史事件重新解读。反面教材是不是也有“鲶鱼效应”的作用?

其二，个体淘汰与群体进化的关系。

在装有鲶鱼的鱼槽里，一些不够生猛的沙丁鱼确实会成为鲶鱼的腹中之食，可我们也看到，更多的沙丁鱼因此而变得更加生猛。适者生存的环境中，竞争的存在虽然会带来个体的淘汰，却在推进群体的发展。

达尔文理论解释了所谓的“群体选择”，正如自然选择可以决定个体的命运，群体选择也能够决定群体的命运，具有某种适应性的群体很可能会逃脱灭绝的命运。选择在四季温暖、草木繁茂的盆地居住下来的一部分熊，为了躲避竞争，改吃别的动物都不吃的竹子而得以生存下来。由于没有其他动物和它们争抢食物，它们变得好吃懒做，体态臃肿不堪，就演化成了现在几乎濒临灭绝的大熊猫，只能靠人类的帮助才能生存。而到了北极边缘生活的熊，由于气候寒冷，它们逐渐学会了在冰冷的海水中游泳，还学会了潜入水下、到海水中捕食鱼虾，甚至敢于与比自己体积还大的海豹搏斗……长期下来，它们的身体比以前更大更重更凶猛。这就是我们现在看到的北极熊。

达尔文进化论不仅局限于生物学范畴，也渗透进人类的生活。20 世纪，物理学家提出宇宙进化论，计算机科学出现了遗传算法，神经科学说是“用进废退”，社会科学用达尔文理论来解释人类政治和消费习惯……除此之外，进化世界观已经扩展到经济学分析、政治以及人类交配行为之中。跨国公司是世界上最敏感的“经济动物”，它们的触角总是在最有利的时机，伸向最有经济增长潜力的国家、地区和行业。早在 20 世纪 70 年代末 80 年代初，中国开始实行改革开放政策初期，大批的跨国企业就开始进入中国。随着外资进入中国力度的不断扩大，在那些敏锐地感受到跨国公司竞争压力的行业里，“狼来了”之声一度喊成一片。持此论者振振有词：宝洁公司，一度差不多完全占领了中国的化妆品和洗涤剂市场；可口可乐和百事可乐让中国饮料业几乎全线崩溃，上百家大小饮料厂被迫关停……可是，真的是肯德基、麦当劳这些洋快餐导致了中国本土快餐业难以持续发展吗？随着跨国公司的进入，的确曾造成中国国内一批企业“闭门谢客”。但事实上，与此同时，肯德基、麦当劳刺激了更多中国本土快餐的成长。这在软饮料行业同样是如此，可口可乐在中国的市场价值和中国整个饮料行业的市场价值是同步增加的，更重要的是，中国的本土饮料企业也在日后的激烈竞争中新生了一批知名品牌，如“健力宝”、“娃哈哈”、“王老吉”、“汇源”等。在中国快餐业这个大生态环境中，肯德基就好比远洋船队鱼舱里的鲶鱼，是肯德基的“鲶鱼效应”给中国餐饮业打开了新的视野，让大家明白“原来餐厅还可以这样做”。2001年，北京大学中国经济研究中心产业组织专门成立课题组，进行一项题为“中国经济影响研究”的调查，就是对外国直接投资的互利优势的案例进行研究，其标本之一就是肯德基餐饮连锁系统。调查报告详细描述了肯德基在中国的影响，指出其在中国除了自身得到迅速发展外，同时带动、发展了国内一大批本土相关行业标准化的建立，形成了一个规模庞大、良性循环的“经济链”。

四、延伸阅读

1. 孝宁. 企业管理中的“鲶鱼效应”. 企业家天地，2007（1）

2. ［美］约翰·科特. 紧迫感——在危机中变革. 北京：中信出版社，2009

（与郭子辉合写）

二 打造自己

8. 打造你的核心竞争力——

二八定律（Pareto Principle）

二八定律

一家单位80%的效益是由20%的人才创造的，留住、稳住并用好这20%的人才，就可以保证单位的高层运转力。

一、二八定律概述

二八定律也叫帕累托定律，也即“80/20”法则，是19世纪末20世纪初意大利经济学家维尔弗雷德·帕累托最早发现的。二八定律指出，在任何一组东西中，最重要的组成只占其中一小部分，约20%，其余80%的尽管是多数，却是次要的。

1897年，帕累托在偶然一次对19世纪英格兰地区财富与收入的分配模式进行观察的过程中，发现了揭示二八定律的范例。他发现被抽样调查的人里，少数人占有了大部分的收入和财富。更重要的是，他还发现在某一群体占总人口数的百分比与这一群体所享有的收入或财富之间存在着一种恒定的不平衡数量关系。他在观察不同时期或者不同国家的相关数据时，这种失衡模式持续地重复出现。不管是观察英格兰地区早些时期的数据还是其他国家同时代或更早时期的可用数据，帕累托都发现了这一反复出现的模式，而且极其精确。

1949年，哈佛大学语言学教授乔治·齐普夫又发现各种资源（人力、货物、时间、技巧以及其他任何生产性资源）都存在一种进行自我调整以实现最小化工作量的趋向。大约20%~30%的资源占到与这一资源相关生产活动的70%~80%。齐普夫利用人口统计、文献、语言学以及行业行为来展示这一失衡模式的持续性重现。他分析了1931年费城20个街区的结婚证发放情况，发现70%的姻缘是在那些相距约6个街区的人们之间结成的。

与齐普夫同时代的罗马尼亚著名质量管理专家约瑟夫·摩西·朱兰在工作中也发现，少数的产品部件决定产品的质量，他运用“80/20”法则，并结合其他统计学方法来发现产品的质量缺陷并提高其可靠性、改进其品质。他对“80/20”法则的推动，在帮助战后日本公司改进产品质量和品质上起到了关键性的作用，并最终使得“80/20”法则成为全球质量管理革命的中心。

在经过了帕累托、齐普夫和朱兰的三重纵深推动下，“80/20”法则最终形成于1963年，并在实际中得到了广泛推广。最先应用这一成型理论的是IBM电脑公司，1963年，IBM公司发现一台电脑大约80%的时间是在执行20%的程序代码，于是该公司立即更新了它的操作软件，使这20%的程序代码更易于操作、更人性化。通过这一改革，在大多数应用领域，IBM公司的电脑比其竞争对手的产品都更加高效、快捷。不仅如此，后来在其他研发第二代个人电脑和应用软件的计算机公司，如苹果、莲花、微软等也在研发过程中运用了二八定律。

二、二八定律的应用

二八定律作为一条经济学定律，在其他学科领域也得到了广泛的应用，其原理为其他学科的实际操作工作提供了切实的效益。以下试举三例：

（1）二八定律与管理学。运用二八定律来进行货物管理，就出现了管理学领域的“ABC分类法”。其意思是说，将所有的货物按照重要程度分为A、B、C三个层次，A类代表“重要的少数”，这类存货量少但是价值高，在存货管理中备受重视并享有最佳的存货管理，包括最完整的记录、最充裕的订货等候时间、最小心的保管等。B类存货介乎A类和C类之间，管理者对这类货品常采用机械化的方式进行管理。余下的C类存货则指“琐碎的多数”，这类存货量多而价值低，例如文件夹、订书针、纸袋等办公文具皆属于这类。对于这类货物来说，不需有任何存货管理，因为若施以这样的管理，其产生的成本将会高过货品本身所带来的价值。在这个存货管理实例中，A类存货实际上就是相当于“80/20”原则中起到决定作用的少数20%的因子，而B类和C类则相当于剩下的80%不起主导作用的因子，因为它们所发挥的效益不同，尽管A类货物量少，但是却得到管理者最多精力的关注，而B、C类货物尽管量大，但是其产生的效益远小于A类货物，管理者在其身上投入的管理成本就少很多。

这种分类方法也在高校图书馆的书籍管理中经常出现，“三线典藏法”就是对此的具体运用。通过将使用率不一的书籍安置在三个不同层次的书库，集中力量抓好使用率最高的一线书库，将不常使用的书籍在三线书库进行密集排放，腾出更多的存书空间给一线书库，以保持新书的及时更新，最大限度上保证读者的借阅质量。

（2）二八定律与人才学。有人曾说过一家单位80%的效益是由20%的人才创造的，留住、稳住并用好这20%的人才，就可以保证单位的高层运转力。鉴于此，在单位的人才队伍建设方面，二八定律得到了很广泛的应用，那就是加大对这一部分人的奖励和打造，让他们发挥出更大的作用。比如世界上著名的通用电气公司，永远都把奖励放在第一位，但他只集中奖励完成了高难度工作指标的员工，通过薪金以及各种奖励制度，让这一部分人继续发挥带领性作用。除此之外，摩托罗拉公司也认为，在100名员工中，前面25名是重要的，对于这一部分员工，要设法保住他们的激情。诺基亚公司在人才队伍建设方面也同样有对二八定律运用的做法，为最优秀的20%的员工设计出一条梯形的奖励曲线。

据报道，凤凰卫视在人才队伍建设中所提出的“三名主义”战略，即名主持、名评论员、名记者的“三名”人才战略，其实就是对二八定律极致的运用，面对台里众多的主持人，展开针对重点对象的包装打造，通过度身定做节目、富有个性的培训、更多的出镜机会、奖励卓越机制等重点塑造出少数的重量级业务骨干，这样对整个单位的人才资源建设都起到举足轻重的效果。

（3）二八定律与我们的生活。二八定律广泛出现在我们的生活中。只要我们留意，就会发现这一点。有人在网上传了一个“二八定律与你的生活”的帖子，不妨列举如下。其实我们还可以从生活中总结出更多“二八”现象。

20%的人成功，80%的人不成功。

20%的人用脖子以上赚钱，80%的人用脖子以下赚钱。

20%的人正面思考，80%的人负面思考。

20%的人买时间，80%的人卖时间。

20%的人找一个好员工，80%的人找一份好工作。

20%的人支配别人，80%的人受人支配。

20%的人做事业，80%的人做事情。

20%的人重视经验，80%的人重视学历。

20%的人认为行动才有结果，80%的人认为知识就是力量。

20%的人考虑的是我要怎么做才有钱，80%的人考虑的是我要有钱我就怎么做。

20%的人爱投资，80%的人爱购物。

20%的人有目标，80%的人爱瞎想。

20% 的人在问题中找答案，80% 的人在答案中找问题。

20% 的人放眼长远，80% 的人只顾眼前。

20% 的人把握机会，80% 的人错失机会。

20% 的人计划未来，80% 的人早上起来才想今天要干什么。

20% 的人按成功经验行事，80% 的人按自己的意愿行事。

20% 的人做简单的事情，80% 的人不愿意做简单的事情。

20% 的人明天的事情今天做，80% 的人今天的事情明天做。

20% 的人会想如何能办到，80% 的人会想不可能办到。

20% 的人记笔记，80% 的人忘性好。

20% 的人受成功的人影响，80% 的人受失败的人影响。

20% 的人状态很好，80% 的人态度不好。

三、二八定律的启示

二八定律体现出一种精英理念。它强调整体中重要的少数起到了关键性的作用。我们要理解二八定律，不是简单地去计算它的数学比例，而是要看到一个事物中重点部分对整体的决定性意义。这给了我们两点重要启示，第一是重点决定论，第二是重点优先论。

（1）重点决定论。众多的事情当中一定有主次、重点与一般之分，而不是一味同等论之。

将二八定律的原理进一步推向多个领域可以发现，重点的决定性作用简直成了一个普遍现象。比方说，我国汉字有多少？《新华字典》收录 10 000 多个汉字；1990 年出版的《辞海》有 14 872 个汉字。据统计，1 000 个常用字能覆盖约 92% 的书面资料，2 000 字可覆盖 98% 以上，3 000 字时已达 99%。这不就是二八定律吗？粗略地说，20% 的汉字覆盖了 80% 以上的文献；也可以换一种说法，80% 的人所使用的汉字，其实都集中在 20% 的常用字中。所以学习汉字并不难，只要把那 20% 的常用字学好就能走遍神州大地了。这种情况同样也表现在其他语言中。再比方说，一个人要努力奋斗的时间需多长？按二八定律我们可以算出，人生 80 年的话，真正须重点奋斗的时间是 16 年。这 16 年正好是求知识打基础的学习时间。其他时间不是不要奋斗，但最为重要的时间段还是这 16 年左右的光景。古训中有“一天之计在于晨，一年之计在于春”的说法，这实际上也是符合二八定律的。抓春耕其实就是集中力量抓好重点，所以也就理所当然成了上到国家下到农户在农业方面的一大要务。俗话说：“春耕不肯忙，秋后脸饿黄”；“开春杀一虫，强于秋后杀百虫”；“春耕深一寸，可顶一遍粪”；“春来多捉一个蛾，秋后多收谷一箩”，等等。这些俗语其实都是在说春天要多干农事，耕田、播种、杀虫等一系列工作都要在春天的时候集中力量做好，这样所形成的效果要比在夏天、秋天做好得多，而且会对收成产生最直接的影响。所以我们必须清晰地认识到哪些事情是最重要的，哪些事情是最关键的，而不能眉毛胡子一把抓。100%的元素里，有20%的少数元素控制着80%的结果，抓住并最大限度地经营好这20%的元素，对事情的整体发展将会起到四两拨千斤的效果。

（2）重点优先论。二八定律给我们的第二个启示便是做事要分清事情的轻重缓急，先做那些对实现目标最重要的事情，这样才不会在处理事情时出现难以选择、不知先后的窘迫境地。

有一个哲学实验是说在一个玻璃瓶子里放核桃和莲子，核桃和莲子分别代表人生中重要的大事和不重要的小事，如果先放莲子，那么莲子放满了，就连一个核桃都放不进去了。但如果先放核桃，再用莲子去填充核桃间的空隙，不仅可以保证放进最多的核桃，用莲子去填充也不会浪费空间。这个实验其实揭示了一个人生哲理，那就是，我们要分清楚重要的和次重要的，要先做重要的事情，用这样的思维去处理事情的话，才可以保证在有限的时间里取得最多的成果，而不至于总是被琐碎的小事所羁绊，以至于尽管小事做了一箩筐，却忽略了真正重要的事情，那样就只能吃到味淡的莲子，而尝不到香甜的核桃。

我国改革开放30年的经历也充分说明了这一点。按二八定律对我国国情作一大致打量就会发现，我国80%左右的人口集中在20%的地区；我国20%的地区创造了全国80%的GDP。如果这些估算大致不错的话，我们就能理解改革开放之初，我国改革开放的总设计师邓小平先生为何要在我国沿海几个城市设立经济特区了。这一做法充分体现了二八定律的理念。当这些地区取得好的发展、经济强大起来后，就让东部反哺西部，以这20%的发达地区去拉动80%欠发达地区的发展。如果当年不是以重点优先的原则规划全国的发展，而是不分轻重缓急地一股脑地挤着上，很难想象会取得今天这样好的效果。

我们个人的成长也可以证明这一点。如果我们找准了个人发展中具有决定意义的那20%，就要花80%的精力去优先实施。我们常常见到一些同学成天忙忙碌碌，但往往事倍功半，费力不讨好；但也有些同学，并不见得比别人忙，却事半功倍。何故？差异不在智力上。前者往往是抓不到重点，平均使用力气，恨不得满天麻雀都要抓住。由此可见，懂得二八定律，懂得重点优先的原则，对我们个人的发展也是非常有益的。

四、延伸阅读

［意］维弗雷多·帕累托．省时省力的二八法则．太原：山西教育出版社，2010

（与贾茜合写）

9. 学无止境，终身吮吸知识营养——

熵定律/耗散结构论
(Law of Entropy/Dissipative Structure)

熵定律

耗散结构论

今天如果还有文人用这8个字描写女人，不仅唤不起美感来，还会被诟为陈词滥调。

一、熵定律和耗散结构论概述

熵定律，在物理学中被称为热力学第二定律。熵（entropy），是对某一封闭系统中，由有效能量转化而成的无效能量的量度，也可以说，熵是作为度量一个热力学系统无序状态的量度单位。熵定律的内容是：“在所有过程中，熵的增加是不可逆的。”

热力学的第一定律我们都比较熟悉，就是能量守恒与转换定律。但我们更切身的感受是，世界上可用之能源在不断减少。关于这一点能量守恒定律并没有给出解释。热力学第二定律，即熵定律，它指出了能量转化的方向，强调能量只能不可逆转地沿着一个方向转化。对于人类来说，即从可利用到不可利用的状态、从有效到无效的状态的转化。它是基本的自然法则之一。熵是表示一定数量的有用的能量转变成了无用的能量的一种度量。熵值越大，转变越多。举生活中的例子：人们烧掉一块煤，燃烧过程中，有用的能量转化成了煤渣和二氧化碳等气体。按能量守恒定律来说，物质不灭，能量总量守恒，但事实上这块煤已无法再次燃烧，从有用变成了无用。这就叫“熵的增加是不可逆的”。在一个封闭系统中，能量只能由有效能量转化为无效能量，系统的整体状态只能由有序变为无序。

以熵定律为依据推演：由于能量的耗散，世界万物趋于衰弱，宇宙趋于“热寂”，结构趋于消亡，无序度趋于极大值，整个世界随着时间的进程而走向死亡。比方说，不管太阳可持续发光发热的时间有多长，但从理论上说，它总有一天会耗尽能量而趋于熄灭。这种被认为是退化论的发展观，与达尔文的进化论形成对立。后者认为，社会进化的结果是种类不断分化、演变而增多，结构不断复杂而有序，功能不断进化而强化，整个自然界和人类社会都是向着更为高级、更为有序的组织结构发展。

有什么办法阻止退化、抵制消亡？1969年，比利时布鲁塞尔学派的领袖伊里亚·普里戈金（Ilya Prigogine）教授提出了耗散结构的理论。他因此荣获了1977年诺贝尔化学奖。

耗散结构论可概括为：一个远离平衡态的非线性的开放系统（不管是物理的、化学的、生物的乃至社会的、经济的系统）通过不断地与外界交换物质和能量，在系统内部某个参量的变化达到一定的阈值时，通过涨落，系统可能发生突变即非平衡相变，由原来的混沌无序状态转变为一种在时间上、空间上或功能上的有序状态。这种在远离平衡的非线性区形成的新的稳定的宏观有序结构，由于需要不断与外界交换物质或能量才能维持，因此称之为“耗散结构”（dissipative structure）。

通俗地说，耗散结构就是既不断地吸收又不断地耗散，既处于永恒的运动中，同时又维持一种特殊的有序而稳定的结构。这要求自身和外界不断地进行能量和物质交换，吐故纳新来维持自身的有序状态。

耗散结构论把宏观系统区分为三种：①与外界既无能量交换又无物质交换的孤立系；②与外界有能量交换但无物质交换的封闭系；③与外界既有能量交换又有物质交换的开放系。它指出，孤立系统永远不可能自发地形成有序状态，其发展的趋势是“平衡无序态”；封闭系统在温度充分低时，可以形成“稳定有序的平衡结构”；开放系统在远离平衡态并存在负熵流时，可能形成“稳定有序的耗散结构”。

耗散结构论与熵定律结合在一起，可以使我们对事物的发展进程有更完整的认识。如果说熵定律指出事物自发的趋向总是朝着无序混乱，那么耗散结构论则是对它的修正和补充：只要系统处于开放状态，并与外界不断保持能量与物质交换，它就可能形成稳定有序的结构形态。

二、熵定律/耗散结构论的应用

熵定律和耗散结构论虽然是关于物理学热力学方面的理论，但它揭示的原理却被社会科学领域广泛采用。如何以创新来抵制衰亡，在各个领域发展中都具有普遍意义。

创新，可以说是一切事物生存发展的基本原则。按照耗散结构理论，一切事物的运动都是一个不断地向外界耗散物质和能量的过程。只有同时不断地从外界补充物质和能量，始终处于一种动态平衡系统，事物的发展和存在才有可能。任何一种传情达意交流信息的表现形式，它的表达方式、技艺、手段等因素，每被重复使用一次，它的熵就增加一分。耗散结构理论认为，随着熵量的不断增加，自然界的发展便会呈现出从有序到无序、从复杂到简单的退化过程。这就是为什么第一个把女人比作鲜花的是天才，第二个重复此说就是庸才，第三个再如此重复便是蠢材。要克服这种退化过程，就必须不断从外界吸收新的营养，以创新来抵制老化。

本人曾借助耗散结构理论，对四部著名中国古典小说《三国演义》、

《水浒传》、《金瓶梅》、《红楼梦》以创新来推动艺术发展作过探讨。[1] 试简述如下：

首先，这四部小说，每一部都召唤来一大批后随者，中国小说可以说是在这批先锋之作的带路下发展繁荣起来的。作于明初的《三国演义》早被公认为我国章回小说的开山之作，又是我国古代历史演义成就最高、影响最大的一部小说。它问世以后，接着出现了大量以演述一朝一代为内容的通俗历史小说，它们以某一朝代的兴亡为线索，依据正史，采撷野史、杂记、民间传说，敷演成演义体的历史小说。据统计，仅明中叶后产生的历史演义就有二十余种，从远古至明代每朝都有，几乎构成了中国历史小说的谱系。吴门可观道人在《新列国志序》中谈及《三国演义》的开山之功时说："自罗贯中《三国演义》一书，以国史演为通俗演义百余回，为世所尚，嗣是效颦日众，因而有《夏书》、《商书》、《列国》、《残唐》、《南北宋》诸刻，其浩瀚与正史分签并架……"《水浒传》以演绎历史人物英雄事迹为题材，比起历史演义来说，它的重心不在史的演义而在人的传奇，注重人物刻画，所塑造的英雄深受大众喜爱。在它的影响下，出现了英雄传奇小说创作的繁荣局面，如《说唐》、《说岳》、《杨家将》、《后水浒传》等。这种依托历史，主要根据民间传统来塑造英雄人物的"传奇"也就成了小说中的一大门类。明后期的《金瓶梅》，以描述世俗日常生活为主，是我国第一部也是最好的一部世情小说。在它的影响下，明末清初陆续出现了一批表现人情世态、家庭兴衰际遇、男女悲欢离合的世情小说和才子佳人小说，其中与《金瓶梅》有血缘关系的就有《玉娇李》、《续金瓶梅》等。据沈德符《万历野获编》卷二十五载："……《玉娇李》者，亦出此名士乎，与前书各设报应因果，武大后化为淫夫，上烝下报；潘金莲亦作河间妇，终以极刑；西门庆则一騃痴男子，坐视妻妾外遇，以见轮回不爽……然笔锋恣横酣畅，似尤胜《金瓶梅》。"然《续金瓶梅》更是直接承前书一百回始，叙述前书中的各个人物再投生人世，以了却前世的因果报应。另外，后随《金瓶梅》的言情之作还有《醒世姻缘传》、《平山冷燕》等。至于《红楼梦》的影响更是显而易见。据鲁迅《中国小说史略》统计，仅嘉庆年间，就有《后红楼梦》、《续红楼梦》、《红楼复

---

① 郭光华. 论四部中国古典小说的先锋意义. 江苏社会科学，1995（1）

梦》、《红楼梦补》、《红楼梦幻》等，并且，其后继者一直绵延到20世纪的现当代文学中。

其次，这四部小说突破传统，在形式创新和内容开拓上都有不俗的表现。《三国演义》最大的创新在于对史传文学中叙事观念的突破。中国小说的发展长期受史传观念的束缚，小说家在创作时不得有丝毫的虚构行为。按清代文史学家章学诚所说，《三国演义》是“七分事实，三分虚构”。正是它先行向虚构的禁区勇敢地跨出了这关键的一步，昭示了史传文学走入新的天地的可能性，才赢得这类作品后来的繁荣局面。《水浒传》在人物形象塑造上的成就是前所未有的。金圣叹称赞《水浒传》一百零八个好汉有一百零八样性格。注重人物性格的刻画，这是小说艺术发展史上一次重要的重心转移。为集中笔墨刻画人物，小说创造了各个片段自成局面的情节结构格局，让情节结构服务于人物性格的刻画。《金瓶梅》的出现惊世骇俗，它以细腻地表现市民日常生活见长。从小说审美发展史上来看，它标志着中国小说从英雄传奇到描绘世俗生活的人情小说的重大转变。郑振铎先生《插图本中国文学史》认为它是“中国小说发展的极峰”，“是一部可诧异的伟大的写实小说”，“是一部名不愧实的最合于现代意义的小说”。《金瓶梅》第一次把市井琐事作为审美对象，正如庄周第一次发现“修鱼出游从容”的“乐”，宋玉第一次发现“秋气”的悲，谢灵运第一次发现“池塘春草”的自然美一样，在人类审美能力的发展史上，应是值得大书特书的一笔。至于《红楼梦》，鲁迅先生在《中国小说的历史变迁》中一言以蔽之：“自有《红楼梦》出来以后，传统的思想与写法都打破了。”王国维在《红楼梦评论》里盛赞道，“《红楼梦》一书，与一切喜剧相反，彻头彻尾之悲剧也”，“大背于吾国人之精神，而其价值亦存乎此”。《红楼梦》的悲剧精神是空前的，它把现代小说的审美境界推上最高阶段。

这四部先锋之作的艺术成就，是众多追随之作所难以企及的。中国小说史上这种“打头炮”之作常常又是最优秀之作的现象，往往令人迷惑不解。

按照耗散结构的理论，一切事物的发展都是一方面不断从外界补给物质和能量，另一方面又向外界不断耗散物质和能量的动态平衡系统。艺术发展的过程亦是如此。从宏观上看，它是非平衡态的，然而又阶段性地呈现为一种远离绝对平衡状态的暂时平衡或动态平衡，即在整体的非平衡过程中达到一种暂时的平衡，非平衡中的平衡。上述四部小说的逾前与启后作用，给中国小说艺术带来了发展和繁荣；发展是跳跃式的，而每一次跳跃式的发展后总是带来一场大的繁荣。这实际上就是由非平衡态向平衡态的不断转变，也即能量的补给和耗散的过程。上述四部先锋性小说，每出现一部，就为小说艺术提供了一个远离平衡的开放体系，储备了足够的能量向平衡态转变。

对于众多的后继者来说，任何模仿都是一次熵的增加。这就是为什么众多的后继者都无法超越先锋之作。薛定锷曾在波尔兹曼的影响下引进了“负熵”的概念：“一个生命有机体在不断地增加它的熵——你或者可以说是在增加正熵——并趋于接近最大值的熵的危险状态，那就是死亡。要摆脱死亡，也就是要活着，唯一的办法就是从环境里不断汲取负熵，我们马上就会明白负熵是十分积极的东西，有机体就是依赖负熵为生的。或者，更确切地说，新陈代谢中的本质的东西，乃是使有机体成功地消除了当它自身活着的时候不得不产生的全部的熵。”中国古典小说中这四部先锋之作，其实质性的意义就是给小说艺术一次次地大剂量地补充负熵，抵制进化过程中的负面因素。显然，那些越能久经岁月风雨侵蚀而艺术魅力依旧的作品，所蕴含的负熵越多。负熵越多，意味着作品的创新度越大。

三、熵定律/耗散结构论的启示

如果说熵定律揭示了事物衰亡的原因，那么，耗散结构论则为阻止衰亡找到了途径。这组关键词给我们的启示可以从两个方面来看。

第一，如何看待事物的流行与衰亡？按熵定律，事物流行表明它正处在一个远离平衡态的非线性开放体系。它自身所含有的负熵比较丰富。但是，任何事物如果不能与外界交换能量或交流物质，它必定会趋向衰亡。中国古代小说中常用“沉鱼落雁，闭月羞花”来描写女子之美。我们知道，这 8 个字包含了四组意象，最早是用以分别描述中国古代四大美女西施、貂蝉、王昭君、杨玉环的。从表达方式上来说，这是一种间接描写，不是直接去描绘女子之美，而是描写美所产生的效果，是非常经典的表述。但流行的事物通常也是被频频使用之物；短期内的频频使用，其熵值迅速增多，终于衰亡。今天如果还有文人用这 8 个字描写女子，不仅唤不起美感来，还会被诟为陈词滥调。为什么流行的东西是最没有生命力的？就是因为其熵短期内增多，导致其能量迅速耗散殆尽。这就启示我们，要防止高频率地去重复使用某一事物。一段时间内，不少报纸的新闻标题爱套用流行歌曲名。如说到某个东西有问题必定是“×××，想说爱你不容易”；如说到某个事情的原因，就会说：“都是××惹的祸”，或是“×××，掀起你的盖头来”，如此等等，使用过多，就令人生烦。有人曾在《羊城晚报》上著文讥讽道：“无论何时何地，只要什么东西好看一点、特别一些，就一定有‘亮丽的风景线’出现；无论何人何物，一经出台就少不了‘闪亮登场’。‘文革’期间，曾经流行过‘将无产阶级革命进行到底’的口号，这一口号随着‘文革’一起夭折了。可是自从电视剧《将爱情进行到底》‘闪亮登场’后。‘将××进行到底’很快又成了语言文字中‘一道亮丽的风景线’。到处都在‘进行到底’，一份报纸在同一天的三个版面中，居然用了三个‘将××进行到底’格式的标题！”① 许多年以前，邹韬奋先生就以“肉麻的模仿”来批评此类现象：“自从《胡适文存》出版之后，好了，这里出一部‘张三文存’，那里又出一部‘李四文存’。好像不印文集则已，即印文集，除了‘某某文存’这几个字外，就想不起别的稍为两样一点的名称。我看了实在觉得肉麻！这种没创作精神的‘文豪’，只怕要弄到‘文’而不‘存’！”“还有许多做文章的人，见别人用了什么‘看了……以后’作题目，于是也争相学样，随处都可以看见‘听了……以后’、‘读了……以后’的依样画葫芦的题目，看了实在使人作呕！我遇见这一类的题目，便不再看下去，因为‘以后’的内容都可想而知！”②

第二，如何看待体系开放、交流的意义？前面说到，耗散结构论把宏观系统区分为“孤立系”、“封闭系”、“开放系”三类。只有开放系统在远离平衡态并存在负熵流时，才可能形成“稳定有序的耗散结构”。对于一个社会单位来说，同样如此。中国改革开放30年取得举世瞩目的成就，中国的经济充满活力，就在于中国打开了国门，大胆向外开放、与外交流，形成了一个耗散结构。历史上中国曾一度强盛于西方，之所以在近代

① 语言“贫血”是思维迟钝的症状．报刊文摘，2000-12-11

② 韬奋．肉麻的模仿．生活，1928，3（39）

衰弱下来，是由闭关锁国造成的。一个“与外界既无能量交换又无物质交换的孤立系”，其衰亡是必然的。同样对于个人的发展来说也是如此。一个内心封闭的人，不善于与外界交流的人，不去从外部获取“负熵”的人，即使智商再高，也是很难成功的。这样我们就能解释为什么要“活到老，学到老”了。不断地学习，就是不断地补充新的能量，这样才能保持体系的活力，阻止衰老的降临。

四、延伸阅读

1. ［美］杰里夫·里夫金. 熵：一种新的世界观. 上海：上海译文出版社，1987

2. 沈小峰. 耗散结构论. 上海：上海人民出版社，1987

10. 合作还是竞争，坚持还是放弃？赢得生活，学会博弈——

博弈论（Game Theory）

博弈论

如果男生们先追其他女生，那么漂亮女生就会感到被孤立，这时再追她就会容易得多。

一、博弈论概述

博弈论作为现代经济学的前沿领域，已成为占据主流的基本分析工具之一。博弈论在当代经济学理论占据奠基性地位。

那么，“博弈论”到底是怎么一回事呢？“博弈论”的英语原文是 game theory，直译过来就是游戏论、运动论或竞赛论。“弈”在汉语中是下棋的意思。博弈论正是衍生于象棋这样的古老游戏，最初主要研究棋手们“出棋”着数中理性化、逻辑化的部分，并将其系统化为一门科学。换句话说，就是研究个体如何在错综复杂的相互影响中得出最合理的策略。我国古代的《孙子兵法》就不仅是一部军事著作，而且算是最早的一部博弈论专著。

谈到博弈理论就不能不说说纳什均衡。纳什均衡是整个现代博弈论中最重要的思想之一。2002 年度奥斯卡获奖影片《美丽心灵》中主角就是以纳什均衡的创立者约翰·纳什为原型。1949 年，21 岁的纳什写下一篇著名的论文《多人博弈的均衡点》，提出了纳什均衡的概念和解法，奠定了 44 年后他获得诺贝尔奖的基础。纳什均衡假设有 n 个局中人参与博弈，给定其他人策略的条件下，每个局中人选择自己的最优策略，从而使自己利益最大化。所有局中人的策略构成一个策略组合。纳什均衡指的是这样一种战略组合。纳什的两篇关于非合作博弈论的重要论文彻底改变了人们对竞争和市场的看法，揭示了博弈均衡与经济均衡的内在联系，奠定了现代非合作博弈论的基石，后来的博弈论研究基本上都是沿着这条主线展开的。

影片《美丽心灵》中有这样一个情节：在美国普林斯顿大学的酒吧里，4 个男生正商量着如何去追求一位漂亮女生，当时还正在大学读书的纳什却在朦胧的“博弈论”思维逻辑引导下喃喃自语：“如果他们 4 个人全部去追求那漂亮女生，那她一定会摆足架子，谁也不睬。然后再去追其他女孩子，别人也不会接受，因为没人愿意当‘次品’。但如果他们先追其他女生，那么漂亮女生就会感到被孤立，这时再追她就会容易得多。”在纳什眼里，追求女生就是一场“博弈”。纳什认为，每场博弈主要包含以下三点要素：

第一，至少 2 个以上的参与者（player）。博弈不是一个人在一个毫无干扰的真空里做出决策。比如一个没打算找女朋友的单身汉，就不存在和其他男士竞争追求女生的博弈，更不存在是否送花讨女生欢心的困扰。

第二，参与各方争夺的资源或收益（resources 或 payoff）。资源指的不仅仅是自然资源，如矿山、石油、土地、水资源等，还包括了各种社会资源，如人脉、信誉、学历、职位等。这位漂亮女生就是 4 位男生争夺的资源。

第三，参与者有自己的竞争策略（strategy）。策略是博弈参与者所能够选择的手段方法，而“博弈”是要遵循一定规则，讲究“博弈”策略的。

博弈论听似佶屈聱牙，看似深不可测，但其思想极易理解。简单说来，博弈论就是研究人们如何进行决策，以及这种决策如何达到均衡的问题。每个博弈者在决定采取何种行动时，不但要根据自身的利益和目的行事，还必须考虑到他的决策行为对其他人的可能影响，以及其他人的反应行为的可能后果，通过选择最佳行动计划，来寻求收益或效用的最大化。

二、博弈论的应用

博弈论可以帮助我们深刻领悟经济、社会、政治、国防、管理和日常生活中一些司空见惯的利弊权衡现象。举一个生活中的例子：如果你去菜场买菜，当你对某种菜的质量、口味等有疑虑时，卖菜的阿姨常会讲：“你放心，我一直在这儿卖呢！”这句朴实的话中就包含了重要的博弈道理：我卖菜和你们买菜是一个次数无限的重复博弈，我今天骗了你，你们今后就不会再来买我的菜了。而你在听了阿姨的这一句话后，常常会打消疑虑，买菜回家。

下面，我们就举几个有代表性的例子来说明博弈论的应用。

1.“囚徒困境”与平衡博弈

“囚徒困境”是博弈论中最为经典的故事：甲乙是同案犯，隔离审讯。如果两个都不招供，因为证据不充分，两人都只能判 6 个月。如果一方招了，属立功表现，可无罪释放；而另一方则属抗拒从严，判 10 年。但如果两人都招了，则各判 5 年。结果大家都知道：两个人争先恐后地招了，结结实实地各判了 5 年。它可以用下表简明显示：

	犯人B不招供	犯人B招供
犯人A不招供	A、B各判6个月	A判10年 B无罪释放
犯人A招供	A无罪释放 B判10年	A、B各判5年

如果用博弈的三个组成部分来分析，则如下：

（1）参与者（player）：犯人A，犯人B。

（2）策略（strategy）：招供，不招供。

（3）收益（payoff）：判刑时间。

假定A不招，B的最好办法是招供（无罪释放胜过判6个月）；

假定A招供，B的最好办法是招供（判5年胜过判10年）。

所以，无论对手采取什么样的策略，B的最好选择就是招供（招供会得到比不招供更少的判刑）。类似的，我们可以分析出，A的最好选择也是招供。

这场博弈的平衡是：A招供，B招供，各判5年。

然而，有人可能会问，当A、B都不招供的时候，结果是各判6个月。这个结果胜过各判5年！为什么A、B不事先商量好都不招供呢？

当A、B商量好都不招供时，大家将各判6个月。而此时，B会想，如果我去招供，那么当A不招供，我就会无罪释放（胜过被判6个月）。何乐而不为呢？可见，这个办法是不可能得到平衡的，因为大家都有想打破合作的动机。

制定这个规定的人，成了这场博弈中的最大利益者，他让犯人们都乖乖地自动认罪。

2. “三人搬石头”与非平衡博弈

是不是所有的博弈都有平衡呢？不是。下面的例子就是一个不存在平衡的博弈。

有三个人A、B、C，他们想搬一个石头，而这个石头一个人是搬不了的。任何两个人都可以搬动石头，一旦石头被搬动，付出劳动的人会共同得到10块钱奖励。这就是说，如果两个人去搬，那么10块钱就在两个人之间分；如果是三个人去搬（实际上两个人搬就足够了），那么10块钱就在三个人之间来分。

这个石头究竟应该由谁来搬呢？钱又该怎么分配？

如果A、B商量：我们两人去搬，各得5块钱。

那么C可以私下同B商量说：不如我们去搬，B得5.1元，C得4.9元。B一定会同意与C合作，因为5.1元多过同A合作所得到的5元。而C也没吃亏，因为4.9元胜过没有钱（当A、B合作时，C没有参与搬石头，从而没有钱分）。

此时，A又可以同C商量两人搬石头：A拿5块、C拿5块……

不断循环下去，这场博弈不可能找到三人都满意的一个平衡。

3. “警察查票”与社会监管

博弈论的一个重要应用就是公共制度的制定。现代社会中，我们总是需要好的社会监管体系来实现公平公正。而谁又来进一步监管那个监管人呢？一层一层从低到高的监管系统，会花费很多社会资源。通过博弈学，我们可以实现有效的自我监管。拿公交车查票的例子来说，假设存在一个警察与一个乘客：我们需要警察去查乘客是否买了票。但警察有没有认真工作，我们不得而知。也许警察可以敷衍了事地向上级报告说，今天乘客买了票。如何监督警察的履职情况呢？通过应用博弈的思想，我们可以解决这个问题。

管理者可以分别秘密地让乘客在一定概率下有特权不买票，也秘密地（即不给乘客知道）让警察在一定概率下可以放假不工作。当警察工作时，一定要报给管理者今天乘客是否买票，否则将会有重罚。当（未得到不买票特权时）乘客被查出未买票时，也会得到重罚。我们的结论是，警察与乘客都会按指定的去做——听从规定，有时不买票/买票、有时放假/工作。

（1）当乘客被指定不需要买票时，他当然不会再去买票。所以他们一定会听从“不买票”的指令。

（2）当乘客没获得免票特权时，他们不知道今天警察到底工作还是不工作（即不清楚自己不买票会不会被查出来），所以，他们宁愿买票，而不想承受巨额罚款。

（3）当警察被指定不需要工作时，警察显然会按指令休假。

（4）当警察被指定要工作时，警察由于报错了结果会得到管理者重罚，于是，警察只得听从安排去认真查票。

看得出来，以上的做法是可以实现的。当有特权不买票的乘客比例与警察不工作的比例趋向于零时，我们可以无限逼近我们所想要的结果：警察总是会按要求去工作，而乘客也总是按要求去买票。

这里所说明的，就是一个互相制约、互相监管的过程。而我们在这里完全不需要第三方来进行监管。这也就杜绝了因第三方监管而产生的耗费。

4. “智猪博弈”与激励机制设计

假设猪圈里有一大一小两只猪，猪圈的一头有一个猪食槽，另一头有一个控制猪食供应的按钮，揿一下按钮会有10个单位的猪食进槽。若小猪去揿，大猪先吃，大猪可吃到9个单位，小猪揿好后奔过来，则只能吃到1个单位；若大猪去揿，小猪先吃，小猪可吃到6个单位，大猪吃到4个单位；若同时去揿，奔过来再同时吃，大猪可吃到7个单位，小猪吃到3个单位。在这种情况下，不论大猪采取何种策略，小猪的最佳策略是等待，即在食槽边等待大猪去揿按钮，然后坐享其成。而由于小猪总是会选择等待，大猪无奈之下只好去揿按钮。这种策略组合就是遐迩闻名的“纳什均衡”。

“智猪博弈”给了竞争中的弱者以等待为最佳策略的启发同时，也反映了一种“搭便车”现象。如大股东行使监督上市公司的职责，而小股东则坐享这种监督带来的利益，即所谓“搭便车”；爱清洁的人经常打扫公共楼道，其他人搭便车；山村中出外跑运输、做生意的人掏钱修路，其他村民走修好的路等。

对于社会来说，因为小猪未能参与竞争、创造价值；小猪“搭便车”时的社会资源配置并不是最佳状态。为使资源最有效配置，规则的设计者是不愿看见有人搭便车的，政府、公司都是如此。这就要求规则的设计者应清楚、慎重地考虑规则制定的前瞻性、适应性和高效性。

智猪博弈存在的基础，就是双方都无法摆脱共存局面，而且必有一方要付出代价以换取双方的利益。而一旦有一方的力量足够打破这种平衡，共存的局面便不复存在，期望将重新被设定，智猪博弈的局面也随之被破解。能否完全杜绝“搭便车”现象，就要看游戏规则的核心指标——食物数量、踏板与食槽之间的距离的设置是否合适。根据对核心指标的调整与组合，我们不难发现，移位但不改变食物投放量当属最佳策略组合。由于食槽与踏板之间的距离缩短，去踩踏板的劳动量减少，大猪小猪都会争着去踩踏板。如果把踩踏板的次数增加，吃到的食物会更多，对食物的不懈追求将驱动合作机制的形成和生产效率的提高。对于游戏设计者来说，这是一个最好的方案。成本不高，但收获最大。

三、博弈论的启示

1. 由博弈看合作与利己的关系

从“纳什均衡”我们看到：合作才是有利的“利己策略”。但它必须符合以下黄金定律：按照你愿意别人对你的方式来对待别人，但只有他们也按同样方式行事才行。也就是中国人说的“己所不欲勿施于人”。但前提是人所不欲勿施于我。“纳什均衡”是一种非合作博弈均衡，在现实中非合作的情况要比合作情况普遍。

上述囚徒困境说的是一次性博弈、一锤子买卖。如果是多次博弈，人们就有了合作的可能性，囚徒困境就有可能破解。道理很简单：火车站边卖的东西质量差，餐馆没法吃，因为顾客多是一次性的过路人；社区小店里质量、服务可能不错，因为他们依靠的是回头客。店主都是为自己的利益考虑，但结果对大家都有利。连续的合作有可能成为重复的囚徒困境的均衡解。

那么，如何提高合作性呢？

第一，要建立持久的关系，即使是爱情也需要建立婚姻契约以维持双方的合作。道德、法律、权力利益的划分，都与“还要见面”有关。从消极的层面看，我们互不侵犯，是为了避免没完没了、两败俱伤的循环报应。例如，两个原始人见面，一个拿着兽皮，一个拿着野果，他们都想把对方的东西据为己有。如果他们的见面是偶然的，可能相互抢劫；可是如果他们都生活在附近，考虑到对方家族的报复，抢劫的风险就大了。所以他们不去打对方的主意——所有权就这样产生了。如果他们确实想得到对方的东西，他们可以选择合作——以物易物，交易就这样产生了。

第二，不仅对背叛会报复，对合作也要作出回报，这样参与合作的人数就会增多。这样很快，一报还一报式的合作就会最终占上风。而一旦建立了这种机制，相互合作的个体就能生存下去。如果不太合作的类型想侵犯和利用他们的善意，一报还一报政策强硬的一面就会狠狠地惩罚他们，让他们无法扩散影响。

智猪博弈制度规则的改变对于企业的经营管理者来说，就是采取不同的激励方案，对调动员工积极性的影响也是不同的，并不是足够多的激励就能充分调动员工的积极性。比如企业实行职工全员持股的方案，结果很可能是人人有股但没有起到相应的激励作用。

同样的，企业在构建战略性激励体系过程中，也需要从目标出发，设计相应的合理方案。首先，根据不同激励方式的特点，结合企业自身发展的要求，准确定位激励方案的目标和应起到的作用；其次，根据激励方案的目标和应起到的作用，选择相关的激励方式，并明确激励的对象范围和激励力度。

扩而大之，从整个社会来讲，自身需求大的群体，比如现在媒体经常提及的弱势群体，他们往往才是推动社会生产力的主力。要想迅速提高整个社会的生产力水平，就需要有一个自身具有很大消费需求的群体，并且需要给他们一定程度的奖励。

2. 由博弈看信息对决策的意义

“囚徒困境”、“智猪博弈”等各种模型都有一个前提条件——博弈双方都有共同知识：博弈参与者都知道对方所能采用的策略与各种可能发生的结局。简单地说，这些博弈都没有信息不对称的情况。在实际生活中，很多情况下并不都是这么理想化的。最常见的例子就是买卖双方进行交易时，自然是卖方比买方更加了解交易商品的质量高低。

之所以有这些信息不对称的情况，是因为存在“私有信息”。所谓“私有信息”，通俗地讲，就是如果我所知道的信息你并不知道，这种信息就是我的私有信息。“私有信息”的存在导致了“信息的不对称性”，也就是某些人掌握的信息要多于其他的人。

话说有一个古董商，他发现一个人用珍贵的茶碟做猫食碗，于是假装很喜爱这只猫，要从主人手里买下。猫主人不卖，为此古董商出了大价钱。成交之后，古董商装作不在意地说：“这个碟子它已经用惯了，就一块送给我吧。”猫主人不干了：“你知道用这个碟子，我已经卖出多少只猫了?”古董商万万没想到，猫主人不但知道，而且利用了他“认为对方不知道”的错误大赚了一笔。这才是真正的“信息不对称”。信息不对称造成的劣势，几乎是每个人都要面临的困境。谁都不是全知全觉的，我们并不一定知道未来将会面对什么问题，但是你掌握的信息越多，作出正确决策的可能就越大。

正是因为参与博弈者掌握的信息并不完全，往往有很多私有信息的存在，其决策结果必然会有很大的不确定性。对于个人来说，拥有信息越多，越有可能作出正确决策。对于社会来说，信息越透明，越有助于降低人们的交易成本，提高社会效率。在绝大部分情况下，我们根本无法掌握影响未来的所有因素，这使得作出确定性的决策变得困难重重。信息本身的价值正在于此。博弈参与者决策的准确性取决于信息的完整性。准确的决策需要更多信息的支持，所以信息的获取有减少风险的可能性。信息的价值就可以用获取信息后可能增加的收益来衡量。当然，信息的获取并不都像前面的两个故事那样完全不需要成本。甚至有的时候，这种成本可能会高到决策者无法承受的境地。

四、延伸阅读

1. 姜得祺．每天读一点好玩的博弈论．北京：中国画报出版社，2010

2. ［美］迪克西特．妙趣横生博弈论．北京：机械工业出版社，2009

（与郭子辉、郭璋合写）

11. 不断创新，做自己的魔术加工厂——

陌生化（Defamiliarization）

陌生化

猫又开始乱翻东西了，只见狗的眼睛四下张望，眼光从架子上的刀转到了桌上的一架“立可拍”照相机身上，利用“立可拍”拍下了猫乱翻东西的罪证。当主人回家时，小狗神气地叨着那张充当“罪证”、可以洗清自己冤屈的照片在门口迎接着主人。

一、“陌生化”概述

“陌生化”概念来自文艺理论界。我国作家王蒙的小说《春之声》开头写道：

> “咣”的一声，黑夜就到来了，一个昏黄的、方方的大月亮出现在对面墙上。

初读这段文字，觉得很新奇，甚至莫名其妙。它说的是什么呢？为何于我们平常的感觉与经验那么陌生？原来，这是主人公坐闷罐子车（20世纪80年代春运时，以货车车厢代替客车车厢的火车）时的感受：乘务员将车门一拉，发出“咣”的一声，车厢内什么都看不见了，仿佛黑夜到来了；光线透过车厢的方窗射了进来，恍惚出现了方方的月亮。如换成这一转述，虽明晰易懂，却一点也不新奇了。

俄国形式主义运动的领袖人物维克托·什克洛夫斯基认为，诗意创作绝非为了使所要表现的意念简化或明晰，而是使之“陌生化”，使人产生奇异感。其实，这种强调打破常规、制造新奇感的观点并不是俄国形式主义所初次发明。在西方文艺美学史上，第一个对“陌生化”理论进行论述的是亚里士多德。不过，他没有正式提出“陌生化”的说法，更多的是使用“惊奇”、“不平常”、“奇异”等说法：

> 给平常的事物赋予一种不平常的气氛，这是很好的；人们喜欢被不平常的东西所打动。在诗歌中，这种方式是常见的，并且也适宜于这种方式，因为诗歌当中的人物和事件都和日常生活隔得较远。①

在形式主义批评学派看来，诗里的夸张、比喻、婉转等说法，诗中常用的古字、冷僻字、外来语、典故等，无一不是变习见为新知、化腐朽为神奇的“陌生化”手法。按他们的说法，艺术技巧的根本目的在于使人们

---

① ［古希腊］亚里士多德. 修辞学. 见伍蠡甫. 西方文论选（上）. 上海：上海译文出版社，1979. 90

欲认知的对象变得陌生，以复杂化的形式增加对对象的感知难度，延长感知的过程，以此获得对美的感受。什克洛夫斯基甚至说，托尔斯泰故意不说出熟悉物品的名称，使熟悉的也变得似乎陌生了，他描绘事件就好像这事件是第一次发生那样。

陌生化理论之所以引起我们的关注，是因为它的确揭示了人们认识中普遍存在的一种现象，即熟视无睹。我们越是熟悉的东西，越是难以被我们感觉到；而越是陌生的东西，越能引起人们的关注。所谓审美疲劳，大抵也是类似的审美对象太多，以至于让人麻木不仁了。“陌生化”就是要唤起人们像初恋情人一般重新打量熟悉的事物的热情。

二、艺术实践中的“陌生化”

按俄国形式主义学派的观点，文学艺术的本质在于“陌生化”，整部文学艺术史就是一部不断陌生化的历史。我们认为，陌生化的本质在于创新，如此看来，以陌生化的理论视角打量文学艺术发展，上述见解是可以成立的。

艺术实践中，陌生化的途径有很多。从大的方面来说，既可以是内容上的陌生化，也可以是形式上的陌生化。

从内容上说，文学艺术作品总是不断地更新和拓宽其表现对象，将过去没有“入诗入画”的内容，大胆地发展为新的审美对象。什克洛夫斯基说：“新的艺术形式的产生就是由把向来不入流的形式提升为正宗来实现的。”[①] 将这段话中的“形式”二字换成“内容”，同样也是合适的。以我国四部有影响的长篇小说为例。由《史记》等史传文学形成的文学传统，强调内容的史实性。而《三国演义》最大的创新在于突破了的叙事观念，不囿于史料，敢于在史实的基础上加上虚构的内容：像诸葛亮舌战群儒、七擒孟获等内容，是无稽可考的，纯属小说家的想象；又如鞭打督邮，本是刘备干的，却因有损刘备之宽厚而移之于鲁莽的张飞；草船借箭本是孙权、周瑜的业绩，为了突出诸葛亮之神而移花接木了。凡此等等，越是主要人物，虚构的成分就越多，因而也就越生动。清代文史学家章学诚说它是“七分事实，三分虚构”。殊不知，这“三分虚构”在叙事观念上已是

① 转引自张隆溪. 二十世纪西方文论述评. 北京：三联书店，1986. 77

一场巨大的革命了。显然，在叙事内容上来说，它已增加了不少陌生化的成分了。《水浒传》的成就在于将叙事的着力点从过去的以故事情节为主，转移到了以人物性格刻画为主。对过去的艺术传统来说，这完全是陌生化的内容处理，作品中处在第一位的已不再是情节而是人物。为集中笔墨刻画人物，小说创造了各个片段自成局面的情节结构格局，让情节结构服务于人物性格的刻画。所以金圣叹在评《水浒传》时情不自禁地赞叹："天下之文章无有出于《水浒传》右者，天下之格物君子无有出施耐庵先生右者。"《金瓶梅》的出现惊世骇俗，它以细腻地表现市民日常生活见长。从小说审美发展史来看，它标志着中国小说从英雄传奇到描绘世俗生活的人情小说的重大转变。同时，它还是对长期以来禁锢人们思想的程朱理学的巨大反叛。张竹坡概括《金瓶梅》的美学风格是真实地描写日常生活中的"大大小小、前前后后、碟儿碗儿"，表现最常见的人情世态。从英雄传奇到市民琐事，这不只是表现题材的转变，而是标志着小说审美能力的飞跃。《金瓶梅》第一次把市井琐事作为审美对象，正如庄周第一次发现"修鱼出游从容"的"乐"，宋玉第一次发现"秋气"的悲，谢灵运第一次发现"池塘春草"的自然美一样，在人类审美能力的发展史上，迈出了全新的一步。至于《红楼梦》，鲁迅先生在《中国小说的历史变迁》中一言以蔽之："自有《红楼梦》出来以后，传统的思想与写法都打破了。"它对传统的突破是全方位的，限于篇幅，不便一一列举，仅说说它打破了历来才子佳人小说大团圆的俗套，表现了强烈的悲剧意识：大团圆式的审美模式是中国文化长期积淀的产物，即使在现实生活中无法实现的事情，在文学作品中也总是力图让"有情人终成眷属"。《红楼梦》在这一点的突破可以说是石破天惊的。王国维在《红楼梦评论》里盛赞道，"《红楼梦》一书，与一切喜剧相反，彻头彻尾之悲剧也"，"大背于吾国人之精神，而其价值亦存乎此"。

至于艺术形式上的陌生化处理，其方式就更多了。此处仅以什克洛夫斯基提到的一种方式为例。他注意到，托尔斯泰常用的陌生化手段是：故意不说出熟悉物品的名称，使熟悉的也变得似乎陌生了。他描绘事件就好像这事件是第一次发生那样。从艺术手法来看，这实际上就是叙事视角的陌生化处理。什克洛夫斯基具体举了托尔斯泰一些作品为例作出说明：《量布人》以马作为叙述者，用马的眼光看私有制的人类社会，《战争与和平》里用一个非军人的眼光看战场。这些陌生化的处理让读者重新审视到私有制和战争的荒唐与残酷。

这类例子在中国的文字作品中也不乏其例。以《红楼梦》中刘姥姥一进大观园为例。周瑞家的把刘姥姥领进荣国府，等候王熙凤接见时，有这样一段描写：

刘姥姥只听见咯当咯当的响声，大有似打箩柜筛面的一般，不免东瞧西望的。忽见堂屋中柱子上挂着一个匣子，底下又坠着一个秤砣般一物，却不住的乱晃。刘姥姥心中想着："这是什么爱物儿？有甚用呢？"正呆时，只听得当的一声，又若金钟铜磬一般，不妨倒唬的一展眼。接着又是一连八九下。方欲问时，只见小丫头子们齐乱跑，说："奶奶下来了。"

写的是柱子上挂着的一个挂钟打点了，刘姥姥因为从未见过这玩意儿，以她的眼光来写，而作者"故意不说出熟悉物品的名称"，其艺术效果真是妙不可言。

这一手段也被应用到广告制作中。广告叙述视角的陌生化，就是把人们惯常用的视角转化为不常用的视角来观察和叙述事物。如宝丽来"立可拍"的戛纳获奖广告片，就是利用"狗"的视角来进行叙述，通过狗的眼睛来看事物。在广告中，一只小狗因为家里被翻得乱七八糟而遭到主人的严厉呵斥。但这一切其实是家里的猫所为。满腹委屈的小狗决心抓住猫的罪证以洗脱自己的冤屈。终于等到一次主人离家的时候，猫又开始乱翻东西了，只见狗的眼睛四下张望，眼光从架子上的刀转到了桌上的一架"立可拍"照相机身上，利用"立可拍"拍下了猫乱翻东西的罪证。当主人回家时，小狗神气地叼着那张充当"罪证"、可以洗清自己冤屈的照片在门口迎接着主人。整个广告都是从小狗的拟人化的视角进行描述，生动幽默而让人忍俊不禁。这种陌生化的创造，让消费者以旁观者的身份从不寻常的视角去看待广告商品，大大拓展了广告艺术表现力和主题说服力，也让消费者获得了全新的艺术享受。

三、"陌生化"给我们的启示

"陌生化"试图帮助人们跳出常规，用一种独特的视角去感知生活、体会世界，对现实生活有着丰富的启示。

第一，人们对事物的认知是在熟悉与陌生的消长中逐渐形成的。“陌生化”让我们经历“熟悉—陌生—熟悉”的过程。这个过程并非简单的循环，而是一个螺旋式的上升，意味着我们对事物的认识日趋全面和完整。因此，“陌生化”的实质，与其说是“使之陌生”，倒不如说是“使之回归”。所谓“一沙一世界，一花一天堂”，世间万物本是丰富多彩、变化无穷的，只是我们总不小心掉进“熟视无睹”的泥潭。而“陌生化”就是帮助我们跳出泥沼，使人们从迟钝麻木中惊醒过来，重新调整心理定式，重新唤起人们感知艺术的原初性，全面感受对象的生动性和丰富性。

说到这里，我们有必要谈谈和“陌生化”呈对立态势的另一种心理现象——功能固着。所谓功能固着，是指一个人看到一种事物惯常的功用或联系后，就很难看出它的其他新用途：如果初次看到的功用越重要，也就越难看出它的其他用途。“功能固着”现象使我们趋向于以习惯的方式运用物品，从而妨碍以新的方式去运用它来解决问题。功能固着是思维活动刻板化的反映。我们在日常生活中经常碰到，发卡是女同学用来夹头发的，所以有些人想不到它可以充当螺丝刀拧螺丝钉；尺子是用来测量物体长度的，有些人则想不到它还可以做教鞭和指挥棒。有人落水，常规的思维模式是救人离水，而司马光面对紧急险情，果断地用石头把缸砸破，让水离人，救了小伙伴性命。大画家达·芬奇在绘画创作过程中观察人物、景物和事物时，就善于从一个角度不停地转向另一个角度，对创作对象、题材的理解随着视角的每一次转换而逐渐加深，从而最终抓住了创作对象的本质，创作出了一幅幅传世之作。这些思维方式都包含着“创新”的元素，体现了“陌生化”的本质。“陌生化”则提醒我们换一个角度、换一种思维去看待事物，跳出思维定式，突破功能固着才能挖掘事物更大的价值和更深层次的意义。

第二，陌生化理论还启发我们思考另一个问题，即陌生化有没有一个程度的限制。这其中存在一个艺术创新与受众的接受度问题。事实上，艺术创新并不是说弄得越陌生越能让人获得美的感受。举个例子，假若徐悲鸿将马画成三头六臂，或非驴非马，陌生是陌生了，却陌生得谁也认不出是什么东西了。这不叫陌生化，不符合陌生化的本意。俄国文艺学家别林斯基谈艺术典型的创造，用了一个很好的说法，叫“熟悉的陌生人”。也就是说，好的文学典型应当是“人人心中有，个个笔下无”的艺术形象。“人人心中有”，是因为它来自生活，概括了读者曾经感受和意识到的现实关系中的某些普遍现象和规律，给人以似曾相识之感；“个个笔下无”，就是在以往的文艺作品中从未出现过的，是新的对象、新的生命，寄托着作家启人深思、引人向往的审美理想，因而能给人以全新的美感满足。比如说鲁迅创造的阿Q，他的“精神胜利法”，他那种虚荣好胜、自欺欺人的可笑品格，在半殖民地半封建的旧中国是一种弥漫于社会各阶层的恶劣国民性，每个人身上都或多或少沾上一点，只是表现形式不同而已；所以，“阿Q精神”是人们所熟悉的。但阿Q的具体个性，他那独特的思维方式、语言习惯、行为特征，比如被人欺侮挨打后就说上一句“儿子打老子”来自我解嘲，因头上长疮疤而忌讳人说“亮了”等言行举止是罕见的，只有阿Q才会如此，所以，人们又对他产生新鲜感和陌生感。这也反映了艺术典型共性和个性的统一，正是读者“熟悉”和“陌生”感的统一。只有“熟悉”而不“陌生”，便成为只有共性、缺少个性的公式化、概念化人物；只有“陌生”而无“熟悉”，则虽有个性却缺乏共性，容易远离生活，变得离奇荒诞。所以，两者必须巧妙结合，缺一不可。

四、延伸阅读

1. 杨向荣. 诗学话语中的陌生化. 湘潭：湘潭大学出版社，2009
2. 程光炜. 文学史研究的“陌生化”. 文艺争鸣，2008（3）

（与郭子辉合写）

12. 积累能量，以小搏大——

多米诺骨牌效应（Domino Effect）

多米诺骨牌效应

如果 A. 怀特海德照1.5倍递增原则制作第32张骨牌，它将高达415m，两倍于纽约帝国大夏。如果真有人制作了这样的一套骨牌，那摩天大厦就会在一指之力下被轰然推倒。

一、多米诺骨牌效应概述

多米诺骨牌是一种用木头、骨头或塑料制成的长方形骨牌。玩时将骨牌按一定间距排列成行，轻轻碰倒第一枚骨牌，其余的骨牌就会产生连锁反应，依次倒下。

这种游戏有着悠久的历史，据记载早在我国宋朝就已经开始。宋宣和二年（公元1120年），民间出现了一种名叫“骨牌”的游戏。这种骨牌游戏在宋高宗时传入宫中，随后迅速在全国盛行。当时的骨牌多由牙骨制成，所以骨牌又有“牙牌”之称，民间则称之为“牌九”。

1849年8月16日，一位名叫多米诺的意大利传教士把这种骨牌带回了米兰。他把骨牌作为最珍贵的礼物，送给了自己的小女儿。多米诺为了让更多的人玩上骨牌，制作了大量的木制骨牌，并发明了各种的玩法。不久，木制骨牌就迅速地在意大利乃至整个欧洲传播，骨牌游戏成了欧洲人的一项高雅运动。最原始的多米诺玩法只是玩单线，即将牌排成一列，比赛谁推倒得更多、更远。随后多米诺骨牌从单线向平面发展，人们开始利用多米诺骨牌组成一些文字和图案。

后来，人们为了感谢多米诺给他们带来这么好的一项运动，就把这种骨牌游戏命名为“多米诺”。到19世纪，多米诺骨牌已经成为世界性的运动。在非奥运项目中，它是知名度最高、参加人数最多、扩展地域最广的体育运动。

多米诺骨牌游戏在人们的广泛参与下不断发展升级。大不列颠哥伦比亚大学物理学家A. 怀特海德曾经制作了一组骨牌，共13张。第一张最小，长9.53 mm、宽4.76 mm、厚1.19 mm，还不如小手指甲大。以后每张牌扩大1.5倍，这个数据是按照一张骨牌倒下时能推倒一张1.5倍体积的骨牌而选定的。最大的第13张长61 mm、宽30.5 mm、厚7.6 mm，牌面大小接近于扑克牌，厚度相当于扑克牌的20倍。把这套骨牌按适当间距排好，轻轻推倒第一张，必然会波及第13张。第13张骨牌倒下时释放的能量比第一张牌倒下时整整要扩大20多亿倍。因为多米诺骨牌效应的能量是按几何级数形式增长的。若推倒第一张骨牌要用0.024微焦，倒下的第13张骨牌释放的能量达到51焦。可见多米诺骨牌效应产生的能量的确令人瞠目。不过A. 怀特海德毕竟没有制作第32张骨牌，因为它将高达

415 m，两倍于纽约帝国大厦。如果真有人制作了这样的一套骨牌，那摩天大厦就会在一指之力下被轰然推倒。

这种效应的物理道理是：骨牌竖着时，重心较高，倒下时重心下降，倒下过程中，将其重力势能转化为动能，它倒在第二张牌上，这个动能就转移到第二张牌上，第二张牌将第一张牌转移来的动能和自己倒下过程中由本身具有的重力势能转化来的动能之和，再传到第三张牌上……所以每张牌倒下的时候，具有的动能都比前一张牌大，因此它们的速度一个比一个快，也就是说，它们依次推倒的能量一个比一个大。

多米诺骨牌效应告诉我们：一个细微的变化可能会引起连锁反应，并不断积累能量，最终引发翻天覆地的巨变。

二、多米诺骨牌效应在生活中的表现

多米诺骨牌虽只是一种游戏，但其效应在生活中有丰富的表现。有不少事件，只要我们仔细分析，就可以发现其中都蕴含着多米诺骨牌效应。我们从“看得见的”和“看不见的”两方面作出列举。

你想过没有，震惊世界的“9·11”事件，美国纽约110层高的世贸双塔轰然倒地，其中就是多米诺骨牌效应在作怪。一般认为，造成这世纪灾难的直接原因是飞机对大楼的冲击。但据美联社报道，美国马萨诸塞州塔夫茨大学（Tufts University）土木工程教授萨纳业表示，世贸大楼的设计存在问题。如果按今天的设计，这样的楼房即便是遭受同样的袭击也完全可以避免发生同样的悲剧。原因何在呢？这位土木工程教授指出，撞机引发的大火隔断了被撞楼层的上下联系，处于上层的地板在大火的焚烧下开始垮塌，由于这些地板都是加固水泥地板，非常沉重，所以一旦倒塌砸向下一层时，就发生了多米诺骨牌效应，层层相砸，直到整个大楼彻底倒塌。而另有一些专家也指出，他们通过观看大楼倒塌的录像认为，虽然飞机冲撞对大楼确实造成了一定的破坏，但随后燃起的大火才是造成楼房倒塌的直接原因。科罗拉多一所大学的土木工程教授黑曼·布朗也认为，熊熊烈火使得大楼的钢铁支架在摄氏500度（远远低于熔点）软化，最终导致大楼失去支撑而轰然倒塌。他说：“即便是飞机猛烈撞向大楼，它也不至于倒塌。不过，飞机上载有数量巨大的燃油，燃起的大火使得楼墙中的钢筋软化了。”布朗还指出，这两座大楼当初设计时考虑到耐冲击的因素，但它对大火和爆炸却无能为力。如果飞机撞在大楼的底层，消防部门完全可以控制住火势的蔓延，阻止悲剧的进一步发展。由此人们有理由相信，这些恐怖分子的袭击是精心策划的，“巧妙”地利用了多米诺骨牌效应。

这是我们说的生活中“看得见的”多米诺骨牌效应。下面我们再来看“看不见的”多米诺骨牌效应。

2010年8月11日，中央电视台《今日说法》栏目讲了一个故事：青春“劫”。故事说的是北京科技大学学生黎力的成长过程。先是有点口吃，上大学后与同学聊天讲笑话，口吃却影响了他交流的效果；慢慢地他就不那么自信地参加同学的活动了。同时因为家境贫寒，他经常一天吃一餐，而这一餐也常常是以面包和饼干这类食品将就着。种种的不如意令他在女孩子面前更是结巴连连，更别说去追求自己喜欢的女生了。久而久之，他慢慢地患上了抑郁症和压迫症以致妄想症，对生活越发失去乐趣和意义。因为这些，原本成绩不错的他渐渐地考试也不及格了，别人用四年完成了大学学业，而他历经五年零九个月却拿了个肄业证。生活的无趣让他想到了自杀，而在自杀之前，他想为父母做点什么。最后，他决定铤而走险：抢10万块钱后就到深圳，把钱交给家人然后自杀了结一生。他准备了麻醉粉和小刀，开始的目标是那些到ATM机取款的人，最后却直接抢劫银行。最终被判10年有期徒刑。对此，熟悉黎力的人都普遍表示惊讶和不解，平时见到女孩子都脸红的人怎么会做出这样的犯罪之举呢？想想事件的前因与后果，又觉得似乎符合逻辑。他生命中第一块多米诺骨牌倒下后，连锁般地引发后面的“骨牌”倒塌。虽然第一块“骨牌”只是口吃这样一个小毛病，但他人生中那块巨大的“骨牌”的倒地，却是由此引发的。

西方有句谚语“the last straw”（最后一根稻草）。其意思是，如果往一匹健壮的骏马身上放一根稻草，马毫无反应；再添加一根稻草，马还是丝毫没有感觉。但如果连续一根又一根地往马儿身上添稻草的话，其重量将呈累积效应越来越大，当最后一根轻飘飘的稻草放到马身上后，骏马会不堪重负瘫倒在地。这一现象在社会学研究中被称为“稻草原理”，它与“多米诺骨牌效应”的意思差不多，都指量变到一定程度不仅仅是量的增加那么简单，它往往会产生意想不到的后果。头上掉一根头发，很正常；再掉一根，也不用担心；还掉一根，仍旧不必忧虑。长此以往，一根根头发掉下去，最后秃头出现了。与此类似，在森林中砍一棵树，并不见得会怎样，但如果一天天这样无止境地砍伐下去，森林就会慢慢消失。森林的消逝意味着水土流失，生态失去平衡，气候异常，自然灾害频发。舟曲的重大山洪泥石流灾害，其中一个原因就是大面积的林地遭到人为破坏，一经暴雨出现，山洪暴发，植被便难以抵挡洪水的冲击。这其中不同样也隐含着多米诺骨牌效应吗？

三、多米诺骨牌效应的启示

多米诺骨牌效应让我们从游戏中获得诸多启迪。可以从正反两方面的效应入手分析。

从正面效应来说，利用好多米诺骨牌效应，可以帮助人们以小搏大，获得意想不到的成功。前面介绍过，怀特海德制作的第一张骨牌小如指甲，而如果他能把第32张骨牌制作出来的话，将高达415m，两倍于纽约帝国大厦。一小可如指甲，一大可比摩天大厦。然而，小如指甲者可凭推力令摩天大楼轰然倒地。所以，即便是“看不见”的“小”，我们也不能无视它的存在；同时，我们还要有把小向大转化的能力。

培根说过：知识就是力量。那么这一“力量”从何而来呢？需要点滴的积累。俗话说，积沙成塔、集腋成裘。知识和能力不是天生的，它是需要一点一滴从书本上、从生活中观察、体会、学习、融汇而来的。江苏卫视《南京零距离》、《非诚勿扰》节目主持人孟非在未成名前曾是一个高考落榜生，他当过搬运工、印刷工和电视台的接待员。在做接待员期间，他每天早早就到台里，利用帮记者们打扫卫生的机会熟悉记者的工作流程。如果一些老记者出去采访时需要带一个扛摄像机的，孟非总是争先恐后地去干——为这个，他多次被别的临时工骂成“傻掳”！但是只要一出去，他多少都会有些收获，或者学会些采访技巧，或者熟悉摄像机的操作。凭着这种毅力，他不但拿到了南京师范大学中文系函授专科和中共江苏省委党校哲学专业研究生文凭，还慢慢地获得了同行的肯定和领导的认可，并最终凭借经验和深厚的功底走进了《南京零距离》节目组。他还作为全国唯一的地方台的主持人入选2004年“中国最新锐十大主持人”。他曾这样感慨：“苦难中积聚的力量正一步步地把我引向成功！”如果没有非凡的毅力和点滴学习的态度，孟非是难以在那么多科班出身的新闻和中文专业毕业生中脱颖而出的。多米诺骨牌本身就是一项能培养人的创造力、想象力、意志力和思维能力的活动。俗话说，生活在于积累。如果我们在生活和学习中能够处处运用这一要旨，在细微处显精神，那将使我们的人生在追求中迸发出“核聚变”的威力！

从负面效应来说，要防止多米诺骨牌效应产生的破坏性作用。第一根头发的脱落，第一根稻草的出现，都只是无足轻重的变化。当这种趋势刚出现，还只是停留在量变的程度时，难以引起人们的重视。只有当它达到某个程度的时候，才会引起外界的注意，但一旦“量变”呈几何级数出现时，灾难性镜头就不可避免地出现了！这就是“多米诺骨牌效应”：一个最小的力量能够引起的或许只是察觉不到的渐变，但是它所引发的却可能是惊人的变化。因此，不要忽视事物细微的变化，特别要防止这种变化的累积。

我们经常说，积重难返。事物从量变到质变的过程中，量的累积有时虽然难以察觉但却能对事物质的变化有决定性的作用。滴水可以穿石，再坚硬的岩石经过千万次的水滴也会慢慢被侵蚀。第一棵树的砍伐，最后可能导致了森林的消失；一日的荒废，可能是一生荒废的开始；第一场强权战争的出现，可能是使整个世界文明化为灰烬的力量。这些预言或许有些危言耸听，但是在未来我们可能不得不承认它们的准确性，或许我们唯一难以预见的是从第一块骨牌到最后一块骨牌的传递过程会有多久。

四、延伸阅读

1. 马建勋. 禅味哲学. 北京：作家出版社，2003
2. ［美］约翰·S. 戈登. 伟大的博弈. 北京：中信出版社，2005

（与吴志文合写）

13. 触摸媒介温度，正确传播自己——

热媒介/冷媒介（Hot Medium/Cold Medium）

热媒介
冷媒介

中国百姓将那些热情大方、可亲近的美女，称为“热美人”。而将那些高傲冷艳、孤芳自赏的美女，称为“冷美人”。

一、“热媒介”和“冷媒介”概述

首先，我们要提出一个问题：什么是“媒介”？也许，在读者看来，媒介的主要功能就是传播信息。所以，说到媒介，大家马上会想到我们每天要大量接触的大众媒介，如报纸、电视、广播、互联网等。

其实，所谓媒介，就是我们接触外部世界的一个中介，其内涵是非常丰富的。加拿大著名的传播学家麦克鲁汉（Marshall Mcluhan，又译为麦克卢汉）说：媒介是人体的延伸。媒介的主要功能是延伸人类的感官。麦克鲁汉所说的“媒介”，内容丰富庞杂，除了我们所提到的书籍、报刊、广播、电视外，服饰、房屋、车辆等都是。按他的观点，服装是皮肤的延伸，车轮是腿的延伸，书是眼的延伸，广播是耳的延伸，电子技术是中枢神经系统的延伸，等等。想一想实际情况也的确如此。比方说电话或广播让你能即时听到远隔重洋的声音，你不就成了神话中的“顺风耳”了吗？电视、图文资料，不仅能让你看到地球上的影像，甚至连月球上坑坑洼洼的地表也清晰可见，你比神话中的“千里眼”更胜一筹。是什么延伸了你的感官？答案当然只有两个字：媒介。

面对如此数之不尽的媒介，麦克鲁汉又有惊人之举，他将所有的传播媒介分为热媒介（hot medium）和冷媒介（cold medium）两种。这种新奇的划分法，既令人觉得耳目一新，又让人颇有些难以理解：媒介究竟有何“冷”、“热”可言呢？

麦克鲁汉说，热媒介传播的信息明确清楚，或者说具有高清晰度，而且信息量大，因而接受者的参与程度低；冷媒介正好相反，它传播的信息模糊含混，提供的信息量小，因而接受者的参与程度就随之提高。以照片与漫画为例：照片的清晰度高，画面信息一目了然，人们无需再多做“补充”就可很明确地了解其内容。不需要什么补充和想象，也可以说是参与度不高。所以，照片是热媒介。而漫画的清晰度很低，提供的信息不是很清楚，有许多隐含的特别是讽刺的意味，人们必须调动想象力予以“补充”，才能完整地理解其中的含义，其参与度提高，所以漫画是冷媒介。

按照上述观点，麦克鲁汉将广播、电影、书籍、演讲、报纸等划为热媒介，将电视、电话、交谈、讨论会等视为冷媒介。

麦克鲁汉冷、热媒介划分的理论，既引起了学界的兴趣，同样也引起了学界的激烈争论。这其中争论最大的，是他将电视划为冷媒介。下面这位学者的见解很典型地反映了这一点：

别的且不说，单以广播为热媒介，电视为凉媒介（即冷媒介——引者注），麦克鲁汉恐怕就难以自圆其说。因为根据他的凉热界定进行推论，广播同电视相比，由于没有视觉刺激，从中感应的信息就不如从电视中接收的信息那么清楚明白，所以同电视相比广播理应属于低清晰度、高参与度的媒介即凉媒介，怎么反倒成为热媒介呢？另一方面，电视与广播相比毫无疑问应属高清晰度、低参与度的媒介（即观众无需再对电视画面上的信息内容多做“补充”），也就是热媒介，怎么反倒成为凉媒介呢？这岂不是自相矛盾吗？对此麦克鲁汉曾解释说，在电视屏幕上一秒钟闪现数百万个光点，而人眼只能感应其中的60至70个光点，并且观众还得将它们在大脑中依次组合成原先的图像，这样电视便成为低清晰度、高参与度的媒介即凉媒介。这种解释奇则奇矣，但却荒诞不经，难以令人信服。怨不得乔治·H. 道格拉斯撰文反驳说，媒介凉热论究竟是“理论学说”呢，还是言不及义的“诡辩”呢？①

一些对冷热观持肯定态度的学者，极力从当时电子技术情况来替麦克鲁汉圆其说。他们认为在麦克鲁汉写作的时代，大多数电视机的图像并不逼真，需要受众去补充信息，“也许，高清晰度的电视问世之后，我们有必要修正他对电视性质的界定：40年前的电视清晰度低，固然可以是‘冷’的，新一代高清晰度电视不再要求受众去填补大量信息，可能就是‘热’的了。”②

① 李彬. 传播学引论. 北京：新华出版社，1996. 158

② 何道宽. 麦克卢汉的遗产——超越现代思维定势的后现代思维. 深圳大学学报（人文社科版），1999（4）

二、热媒介/冷媒介现象在生活中的延伸

对热媒介/冷媒介的划分尽管存在着争论，但人们不得不承认麦氏关于冷、热划分上确有许多精彩绝伦之笔。如关于冷、热媒介的适用对象，他举了一个绝妙的例子。1960年尼克松与肯尼迪竞选美国总统，二人通过大众媒介发表辩论。当时听收音机的听众以为尼克松赢定了；然而看电视的观众却认为他输定了。原因何在？麦氏是这样解释的：因为电视是冷媒介，所以适合于低清晰度的形象。肯尼迪是新人，他有许多东西不为人知，所以他的清晰度低，适合通过电视传播。相反，收音机是热媒介，它适合于高清晰度的形象。尼克松是资深的议员和副总统，他的情况广为人知，所以他的清晰度高，适合广播这种媒介。

由于麦氏关于媒介的概念相当宽泛，所以他将冷、热媒介的划分也延伸得很广，并用来解释许多社会现象。

麦克鲁汉认为，在日常生活中，女孩爱穿短、露、透的衣服，是因为她“不只是把自己装扮成供人看的样子，还要把自己装扮成一个可以触摸的人”。也就是说，她是高清晰度的，看她的人不必调动想象就可以把她看个清清楚楚、实实在在。而女孩戴墨镜，“则会造成高深莫测与不易接近的意象，因此容易惹人注意，而令人想参与以一窥究竟”。对于观者来说，前者是热媒介，后者是冷媒介。这一说法正好印证了中国的一个比喻：中国百姓将那些热情大方、可亲近的美女，称为“热美人”；而将那些高傲冷艳、孤芳自赏的美女，称为“冷美人”。其实美国也是如此，美国俚语中也将那些打扮与众不同、不落俗套的人，以cool描述之，含有冷静、冷漠之意。

为什么往往古代那些残砖断瓦令人玩味再三？这也与冷热有关。古代那些残砖断瓦，从时间上说，它们已经远离今天，已经“冷”处理过了；从物理形态来说，正因为它的残缺，传递的信息有限，更多的信息要通过人们的考证去挖掘，属冷媒介之列。所以，它们被青睐就不奇怪了。也正因为这样，有许多东西，当时一文不值，收藏一段时间之后，身价倍增，即是这一道理。像“文化大革命”期间产生的一些文化物品，在当时泛滥成灾，最多只有政治意义。而在今天，这段历史正远离我们而去，正所谓

“暗淡了刀光剑影，远去了鼓角争鸣”。这些文化物品已成了文物，所传递的信息隐隐约约，也属冷媒介之列了。一些收藏家认为，根据冷、热媒介这一原理，收藏今天之热日后之冷的物品，必有所获。

再如对艺术品的欣赏。按照麦氏的划分原则，源自西洋的油画是写实的，故是高清晰度的，是热媒介；中国画重写意，神似胜于形似，需要调动观者更多的参与，故是冷媒介。冷媒介具有更强的审美趣味性。麦氏以侦探小说、女人穿的网眼丝袜为例，说明“想象”的补充与“视觉”的补充，如何使对象变得更美、更完善。据说，1972 年，美国总统尼克松第一次访问中国时，中国政府所送的国礼是著名的国画家李苦禅先生的一幅画。尼克松一行人对这件艺术品非常尊重，将它挂在白宫，中国画在美国也因之提高了声誉。在尼克松第二次访华时，有人出主意要李苦禅先生即席作画表演。谁知这样却把事情搞砸了。那些对中国画完全是外行的外国人，一见到中国画画起来竟是那么“随意”，那么简单，觉得画这种作品太容易了。回国以后不仅不挂李苦禅先生的新作，反而将原先那幅也撤下来，中国画的声誉在一些美国人心目中也因此大受影响。这个故事说明，习惯于欣赏热媒介——油画的外国人，对冷媒介——中国画的欣赏力的培养是需要时日的。让李苦禅先生当场作画，又将冷媒介“热”处理了（让他清晰地看到绘制过程），结果，美国人记住了作画的过程，而放弃了对画本身的欣赏。这样以“热”对“冷”，自然是搞不到一块去，成不了知音。所以，不同的媒介由于其特性不同，需要我们以不同的接受态度去对待。

麦克鲁汉关于划分冷、热媒介的观点也可以用于解释为什么在大多数作家笔下，古朴偏僻的乡村往往成了田园牧歌式的乐园，而现代文明、都市生活反而给人窒息感。这是因为“冷”的乡村，由于是低清晰度的，所以生活在这里的人们需要调动更多的参与，其想象力便得到了很好的锻炼。在湖南省西部的一个偏僻的古县城凤凰，同时产生了文学大师沈从文和艺术大师黄永玉，他们的作品是本土的，同时又是世界的。很多人对此迷惑不解。如果以麦氏的理论观之，就是偏僻湘西的乡村是太“冷”了，有利于激发文学艺术家的想象力，调动他们的参与力，从而培养了他们的艺术创造力。这一点，在沈从文的自传性文章中可以得到印证。

三、热媒介/冷媒介划分给我们的启示

麦克鲁汉关于划分冷、热媒介的理论，给我们带来了什么思想启迪？

第一，为我们认识社会提供了新的视角。麦克鲁汉说：“就热、冷媒介而言，落后国家是冷的，而进步国家则是热的。城市是热的，乡村是冷的。”麦氏大量的论述表明：“热的社会”是指那种需要高度秩序、紧张思考、一切服从的社会；而“冷的社会”是指那种调动了人们高度参与性、想象力与个性随意宣泄的社会。冷的社会虽然是落后的、乡村的，但可以让人放松神经，产生想象，宣泄情绪，而热的社会却大大限制了自由空间，束缚了人的想象力。城市特别是新兴的现代大都市虽说高楼林立、气派非凡，但如果没有多少历史和文化的积淀，就会显得过于呆板、单调，远没有悠悠村镇那么古朴、神秘，充满诱惑力。人们经常所说的“都市荒漠”就是这个道理。因此，我们也就不难理解为什么人们一有闲暇就会奔“风景点”而去，奔那些少人浸染的自然风景而去了。“江南水乡”周庄、神秘的九寨沟以及湖南湘西的张家界总是游人如织，正因为作为“冷媒介”的乡村野寨能让人精神松弛，心旷神怡。而在城市里登高，即使乘电梯上到一百层也难激起心中几许波澜。所以人们即使去大都市，也会去找有历史痕迹的地方，例如断垣残壁、四合院、旧炮台、古城墙等，因为这能寄予人们丰富的遐思和怀想，既探悠怀古思人，又反观自身而得到陶冶和启迪。人们在“热”的环境待久了，急于要对自己作“冷”处理了。这实际上是都市人寻找到的一种精神自我调剂方式。

第二，让我们思考如何控制或公开信息。按麦克鲁汉的观点，信息越是公开，它这个对象就越是高清晰度的，也就越是“热”的，反之，越是控制信息的公开，就越易“造成高深莫测与不易接近的意象”，这个对象就越是“冷”的。而越是不透明，越是“冷”，也就越“容易惹人注意，而令人想参与其中以一窥究竟”。对于个人或单位是这样，对于社会也是这样。1971年中国高级领导人林彪折戟荒漠，因飞机失事而摔死在蒙古温都尔汗。此事高度保密，形成了一个高度的信息冷团。多少年来，一直引起人们猜测其真实内幕，从而形成了一个经久不衰的热点话题。再如2003年中国发生的“非典”事件，当时曾经因为信息不透明，所以各种猜测性

的说法汹涌而至，搞得人心惶惶，弄不清真相。谣言止于真相，当事件的真相大白后，种种猜测迅速平息。

近年来，中国政府在信息控制上有了很大的改革，注意信息的及时公开透明。2008 年 5 月 1 日我国开始实施《政府信息公开条例》。该条例“以公开为原则，以不公开为例外”，要求各地各级政府，全面准确地公开企业、群众需求的各类政务信息，避免出现“关键信息缺失”的现象。如 2008 年四川汶川大地震，我国的新闻媒体及时报道，方方面面的信息都有：灾难现场、救灾进展、险情、损失、救灾中遇到的困难、存在的问题、解决的办法等，全方位、多角度真实地展示。让西方媒体对此刮目相看，普遍承认中国“官方新闻机构不断发布最新报道，提供最新的死亡人数”，“对地震的规模和可怕的场面没有任何隐瞒”，“援救行动、失踪儿童和倒塌医院等情况的细节没有被掩盖”。这是“中国媒体对紧急情况报道最公开透明的一次”[①]。与 30 多年前我国唐山大地震时，政府对信息的控制作比较，及时公开信息的做法使得报道对象变得高清晰度，最大可能地减少了人们的猜测，控制了谣言传播的市场。

第三，启发我们如何以全新的方式去理解媒介。除对媒介分类外，麦克鲁汉还有一著名命题：媒介即讯息。这一命题涉及了媒介的本质。一般认为，媒介是信息的载体，是讯息存在的形式，而讯息是信息的内容。照麦克鲁汉的说法，岂不是说形式即内容吗？真是奇谈怪论，令人匪夷所思。但不少学者认为，这一表面上看似明显不合情理的论断，实际上是深含哲理的高妙之见。旅美学者居延安在《断裂与继承》一书中说：“这是一个把问题引向极端、似乎有点哗众取宠的命题。媒介是用以传播讯息的，怎么自己成了讯息呢？这样的质疑是完全可以站得住脚的，但麦克鲁汉这个极端的命题比任何人都更鲜明地指出了标准化的电子传播媒介对活生生的、变化着的创造力的统治。”

英国学者尼克·史蒂文森从电灯入手来理解这一命题，他说：每天早上我在办公室里打开的电灯，它不负载任何讯息，但转换了时空关系。譬如说，电灯能使我在晚上工作得很晚，或早上工作得很早。这影响了我构建自己公众生活和私人生活的方式。当然，电灯具有更加广阔的用途，在

---

① 转引自林良旗．媒体公信力是怎样提升的．对外传播，2008（6）

各购物中心、娱乐场所和工作场所等，电灯每天24小时照明。

根据“媒介即人体的延伸”这一理论延伸开去，可以说，每一种媒介都给我们的生活开辟了一个新的世界。这也可以从麦克鲁汉所举的例子作出说明：“由于飞机加快了运输的速度，它又使铁路塑造的城市、政治和社团的形态趋于瓦解，这个功能与飞机所载的东西是毫无关系的。”麦克鲁汉认为，真正影响人类行为、支配历史进程、制约社会变迁的，不是通过媒介所传播的讯息，而是媒介本身。如对印刷文字这一媒介的作用，麦克鲁汉说，印刷文字可以让人们私下里通过读与写来完成与他人的交流，因而使人们“摆脱部落习惯”，把他们从组织严密的口传文化中解放出来，让他们即使是独处一隅，也能远距离传播，并因此以城市取代乡村，用民族国家取代古代城邦。至于电子传媒出现的意义，麦克鲁汉用“地球村”一词将其表述得淋漓尽致。

按麦克鲁汉的见解，我们拥有了某种媒介，这一媒介就延伸了我们的感知力，我们就能由此捕捉到新的领域中的讯息，建立对外在世界一个更新的认识。当人们有了飞船，普通人的宇宙观就发生了变化。麦克鲁汉举例说，苏俄第一颗人造地球卫星送入地球轨道时，一位小学教师叫她教的二年级学童就此写儿歌。一位儿童是这样惊奇地表述自己的感受的：“星星这么大/地球这么小/待在地球上/别跟它飞走。”这一儿歌典型地抒发了新媒介（地球卫星）给新一代（儿童）带来的新观念。

麦克鲁汉说，正如诗人叶芝所形容的，20世纪发生了这样的逆转：“看得见的世界不再是真实/看不见的世界不再是梦想。”这就是新媒介给人们的认识带来的革命性变化。“媒介即讯息”在表述上虽有些夸张变异、有些惊世骇俗，但正是因为有这种惊世之言，才能让人们摆脱对媒介所传达的具体信息的陶醉，从整体上、从一个高度去认识媒介所带来的革命性的意义。

麦克鲁汉关于媒介的理论虽然让人难以理解，但给人的启示是多方面的。中国研究麦克鲁汉的学者何道宽说，理解《理解媒介：论人的延伸》这本奇书是颇难的。难在何处？“不外乎四难：新的信息太浓缩，观察角度太奇特，涉及学科太宽广，语言里充满太多奇特的隐喻。所以，麦克鲁汉关于媒介的理论是值得我们好好去咀嚼，从他开辟的新视角好好去打量媒介乃至我们这个世界。”

四、延伸阅读

1. ［加］马歇尔·麦克卢汉. 人的延伸——媒介通论. 成都：四川人民出版社，1992

2. ［加］马歇尔·麦克卢汉. 理解媒介. 北京：商务印书馆，2000

14. 逆向思维，善于质疑，挑战权威——

解构（Deconstruction）

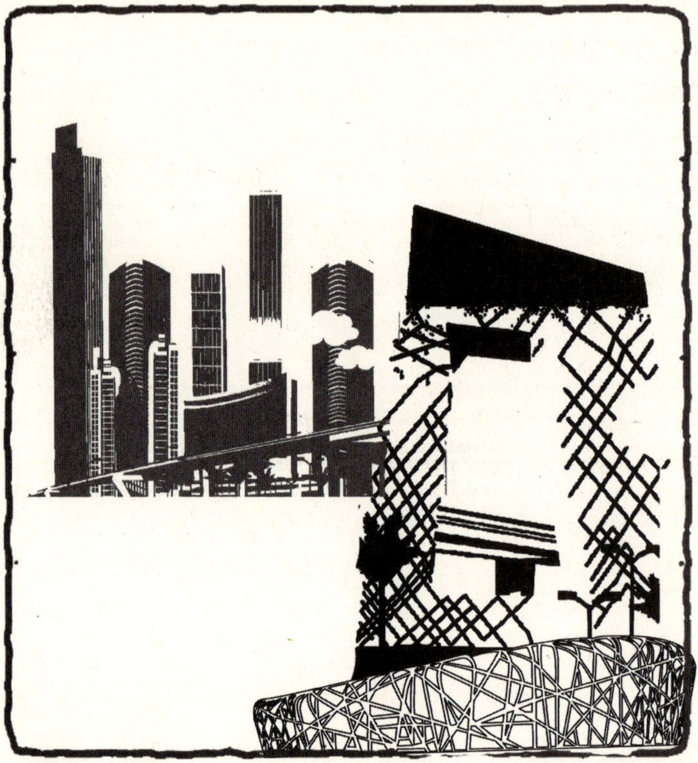

解 构

没有解构主义的设计理念，就不会有北京奥运的“鸟巢”、中央电视台的“大裤衩”，也不会有广州的新歌剧院。

一、解构及解构主义概述

解构，简单地说，就是对“结构”的颠覆。解构主义，也称为后结构主义，是对结构主义的“反叛性延续”。所以要说清楚解构及解构主义，先要了解结构及结构主义。

结构主义（structuralism）是20世纪影响重大的人文变革思潮之一。20世纪初，西方一些人文学者对只求局部、不讲整体的“原子论”的思维方式感到不满，因此提出了“系统论”和“结构论”的思想，强调从大的系统方面来研究事物的结构和规律性。如奥地利哲学家路德维希·维特根斯坦在《逻辑哲学论》中提到：世界是由许多“状态”构成的总体，每一个“状态”是一条由众多事物组成的锁链，它们处于确定的关系之中。这可视为最初的结构主义思想。

瑞士语言学家斐迪南·德·索绪尔是自觉运用结构主义思想从事研究的第一人。他批评语言学研究中把一些语言事实当作孤立静止的单位对待，只注意它们的历史比较，而忽视了语言要素之间相互制约、相互依赖的关系；忽视了语言是一个系统的整体。索绪尔将我们具体使用的词句称为“言语”（parole），而整个符号系统则叫“语言”（langue）。他说，产生意义的不是符号本身，而是符号的组合关系。索绪尔区分语言与言语，就揭示了语言系统的结构性质。索绪尔也因此被人们敬称为“结构主义之父”。

索绪尔认为语言中的任何一项意义都取决于它与上下左右其他项的对立。没有“上”就没有“下”，没有“好”就没有“坏”。这种二项对立关系方式成了结构主义分析事物的模式。1945年法国人克劳德·列维·施特劳斯发表了《语言学与人类学中的结构分析》，第一次将结构主义语言学方面的研究成果运用到人类学上。他更是以二项对立关系模式去考察人类学内容。如亲族关系、婚姻习俗、饮食方法、图腾象征等，都具有二项对立的结构关系。结构主义进一步发展与应用，就出现这样一种情况：一些学者往往把同一类的许多现象归纳简化为几条原理，就像语言学把大量词句材料归纳成几条语法规则一样。他们总是相信万事万物之间都存在着某种固定的结构，他们将此称为“普遍的语法”。他们所要做的，就是要在复杂的现象中寻找普遍原理，通过这些原理去把握事物。通过这“普遍的语法”去认识“世界的结构本身”。

结构主义的特征可以归结为：体系性、中心性、二元论。简单言之，即他们认为世界是一个有中心的、以二元对立方式存在的体系。

明白了结构主义是怎么回事，我们再看解构主义就比较好理解了。

解构主义之于结构主义，可以说是出于尔叛于尔。解构主义的创始人、法国著名哲学家雅克·德里达认为，自柏拉图以来的形而上学形成了一个潜在的定式：万物背后都有一个根本原则、一个支配性的力，这种终极的、真理的、第一性的东西构成了一系列的逻各斯（logos），且逻各斯永恒不变，近似于神的法律，背离逻各斯就意味着走向谬误。德里达认为：任何结构化、制度化的东西，都会变得教条化、中心化、僵硬化、框架化，使事物停滞、思想僵化。“中心化”的结果，使得凡是不符合共同化、框架化的结构都会遭到否定或被视为次等的结构。解构主义认为，万物中没有任何东西是一成不变的，万物没有定势。人们的思维也不应有定势，不应教条化、僵化。如果人们的思维变得教条化、中心化、僵硬化、框架化，世界的发展就会停滞。因此，解构主义就是要打破这种束缚人们思想、人类文化和生活的方方面面的定式，将结构主义认定的等级关系颠倒过来，打破这种系统，消除二元对立的关系。

按本书的行文习惯，我们在此似乎要给解构主义下一定义了。那么，什么是解构主义？可是，这个问题很不好回答，因为下定义这种做法从根本上来说是与解构主义的精神相悖的。在解构主义大师德里达看来，“某某是什么”这样的命题本身就是错误的。解构主义不承认世上存有某种一成不变的东西，它们都是可以贴上不同的名称或标签的。解构主义本身就是要消解意义、颠覆权威。这就意味着，在颠覆和消解他物的同时，解构主义也同时在消解和颠覆自己。所以，解构主义一旦被定义，或被确定为是什么，它本身随之就会被解构掉。

尽管如此，我们还可以大致归纳一下解构主义的主要特点：反传统、反中心性、去体系性、多元论。

二、解构主义思潮推动下的创新实践

解构主义思潮的内涵是比较丰富的。但它的精髓是，对权威、对传统作出挑战，以推动事物的发展与创新。

依解构主义的眼光，我们先不妨对数千年的文学发展史作一回顾。虽然德里达等人提出的解构主义在后，但我们认为人类历史上的解构行为早就有之。我们知道，无论是中国还是西方，所有早期的文学艺术作品都是以神为表现对象的。我们所熟悉的神话即是。神话一个重要的特点就是将人与神二元对立，人神区分分明。以中国的“大禹治水”的故事为例。在我们今天看来，禹就是一个水利工程师。20 世纪 30 年代，国民政府欲设立中国“工程师节”，就有人提议以禹的生日为“工程师节”日。著名文史学家顾颉刚先生还为此考证过禹的生日，可证禹之确有。但在大禹治水的神话中，禹作为人的一面隐去了，作为神怪的一面强化了。据西汉《淮南子》记载：“禹治洪水，凿轘辕开，谓与涂山氏曰：‘欲饷，闻鼓声乃去。’禹跳石，误中鼓，涂山氏往，见禹化为熊，惭而去。至嵩山脚下化为石，禹曰：‘归我子!’石破北方而启生。”不仅大禹自己化为“熊”，上溯到他的父亲鲧也有同样的经历。《左传·昭公七年》曰：“昔尧殛鲧于羽山，其神话为黄熊，以入于羽渊。实为三郊，三代祀之。”神话时代过去后，英雄时代到来，文学作品开始以英雄为主角。如我国古典小说《三国演义》和《水浒传》。这些作品对英雄的描述还保留有“神化”的痕迹，如鲁迅评《三国演义》“状诸葛之多智近妖”。从神话中的以神为中心，到演义中的以英雄为中心，这就是一次解构。再往下发展，出现了以才子佳人为中心的小说，《红楼梦》即典型的代表作。这又是一次解构。若在写神、写英雄的时代，贾宝玉这样成天在女孩子中混迹、满身脂粉气的顽主，哪能登大雅之堂？再发展，文学作品就以普通人、平凡人为中心了，如鲁迅小说中的人力车夫、祥林嫂、阿 Q、孔乙己等。所以，从神到英雄，到才子佳人，到普通人，这数轮的解构推动了文学创作的发展与创新。

解构主义思潮所具有的品格也许最能得到艺术界、时尚界的认同。时装界、建筑界自觉地运用其理念，取得不断的创新发展。

先举时装界之例。20 世纪 70 年代，欧洲出现反时装运动。受解构主义思潮的影响，当时的欧洲特别是法国社会充满着反叛与探索，各个阶层的人们都强调自己的重要性；自主意识空前膨胀。年轻人在衣装上穷极表现自我，再古怪和以前无法忍受的东西，在这时都可以被接受和推崇。70 年代最为鲜明激进的衣装打扮莫过于朋克一族了。这些被上层人所鄙视的激进青年的衣装流行，被英国设计师维维安·韦斯特伍德巧妙地抓住，一系列含有朋克意味的服装被设计展出，反叛文化渐渐登上主流舞台。同时，多元化的理念又将一批日本设计师推上国际舞台，亚洲感的独特设计打破了西方一统的服装舞台。如日本人三宅一生非常注重服装的流动感，注重面料的“灵魂”，他会潜心研究面料数年再着手设计服装，他的主题为“一片布”（1976 年）和“皱褶”（1995 年）的系列设计，其服装理念和面貌的惊人改变让世人震惊。川久保玲、山本耀司等设计师展现的、有别于传统服装的呆板同时也并非反叛青年那般激进的、新奇的服装，以巧妙的构思和独特的结构打动着人们。他们倾向于强调个体本身，强调每件衣服的独特存在感。这类解构色彩鲜明的服装的特点有：用倾斜、倒转、弯曲、波浪等表现手法；巧妙改变或者转移原有的结构；力求避免常见、完整、对称的结构；整体形象支离破碎、疏松零散、变化万千。如英国设计师亚胡赛因·卡拉扬 2002 年春夏设计的服装，呈支离破碎、前后左右均不对称状；日本设计师山本耀司 2005 年春夏设计的上衣，结构有较大改变，但感觉流畅舒适；让·保罗·高迪埃还专门为同性恋者考虑，给男人设计出裙子：与女性的裙子不同，这是一条裤腿与另一条裤腿重合，模糊了男女服装的界限。这些设计对经典和流行套路的解构也很常见。领子有可能是作为袖边出现，或者可以拼接成上衣，或者干脆变成了有棱有角的短裤；大小袖的缝合线可能从后翻到前面，扭曲歪斜；礼服正装不再是熟悉的模式，可能不是用布料而改用其他材料，或者由多条布条倾斜交错将衣形塑出但面貌改变等，都让人觉得服装更加迷人了。

再举建筑业之例。解构主义建筑理念就是要颠覆传统设计中的对称、平衡等固有格局，以新颖甚至是怪诞的形式出现。1988 年，纽约大都会美术馆举办“解构建筑展”。该展展示的那些建筑，形体散乱残缺，呈现错位、翻转、失重、失稳的形象，看起来好像即将倾倒、即将坠落，故意给人不安定的感觉。观众留言说“它们像是在搬运途中损坏的东西”，“像是观看出事火车的残骸”。美国解构主义大师弗兰克·盖里 1994 年设计的“美国文化中心”是解构主义的代表作。他的设计采用解构的方式，将完整的建筑整体打碎然后重新组合，形成鲜明的空间和形态。目前解构主义最活跃的建筑师库哈斯设计的央视新大楼用它独特的形态，解构了重力，而今，这栋大楼已成为北京一景，矗立在 CBD 上。唯一获得大师称号的女建筑师扎哈·哈迪德以善于运用曲线、塑造充满幻想和超现实主义风格的作品而出名。2003 年，广州歌剧院方案就是她设计的，这个设计方案名为“冷峻双砾”。广州歌剧院的外形整体看上去就像江边的两块石头，具有强烈的后现代特征。其灰黑的色调构成自然、粗野的原始造型，具有很强的质感，与周边高楼林立的现代都市形象构成显著对比。而歌剧院外部地形设计成“沙漠”形状，顺着高低不平的小路步入“峡谷”之中，再经室内合成光影的照射，让人们感受到奇特的艺术氛围。所以，人们说，没有解构主义的设计理念，就不会有北京奥运的“鸟巢”、中央电视台的“大裤衩”，也不会有广州的新歌剧院。

三、解构主义思潮带来的思考

我们知道，整个西方的形而上学思想传统——从柏拉图的理念，到笛卡儿的“我思故我在”，再到黑格尔的“绝对理念”，都是以西方人的理性与自我意识为基准、为中心。长期沉浸在这种思维方式里，人们很容易习惯先验主义的做法，认识世界中具有很浓的主观色彩。久而久之的循规蹈矩，不知不觉就变得守旧僵化。19 世纪末，尼采宣称“上帝死了”，并要求“重估一切价值”。他的叛逆思想对西方产生了深远影响。作为一股质疑理性、颠覆传统的思潮，尼采哲学成为解构主义的思想渊源之一。1968 年，一场激进学生运动席卷整个欧美资本主义世界。在法国，抗议运动被称作“五月风暴”。可悲的是，这场轰轰烈烈的革命昙花一现，转眼即逝。在随之而来的郁闷年代里，激进学者难以压抑的革命激情被迫转向学术思想深层的拆解工作。不妨说，他们明知资本主义根深蒂固、难以摇撼，却偏要去破坏瓦解它所依赖的强大发达的各种基础，从它的语言、信仰、机构、制度，直到学术规范与权力网络。所以，解构主义思潮给我们思维的启示，首先是革命性勇气，要敢于对长期形成的天经地义的东西提出质疑，善于从对立的角度去看待事物。从前面的分析中我们可以看出解构主义思潮具有的创新性气质。

同时，我们也应看到，解构主义思潮不断受到人们的批评质疑。我们常说“破”与“立”的问题，可以肯定地说，解构主义是具有强烈的“破”的色彩的。解构主义是以“破”、“颠覆”作为创新性尝试的，这种激进的、横扫一切式的破坏，既带有浓重的虚无主义特征，也使它自身陷入自设的陷阱之中。解构主义认为语言难以准确传达意义，但他们的思想却不得不借助语言来传达；德里达要消解中心反对权威，当人们用这一思想去对待解构主义，解构主义自然也就会消解殆尽。极具悖论意义的是，人们仍然是将它当作新的权威去接受。“德里达批判自柏拉图以来这种逻各斯中心主义的传统，但他的批判却不能不使用逻各斯中心主义所濡染的概念和范畴。这就像站在地上，却拔着自己的头发要离开地球一样困难。”① 这其中的悖论意味，已不是三言两语可以说得清楚的了。历史证明，解构主义是无法进行到底的。就像一个革命党一旦取得政权，就可能转换为执政党的思维方式去维护它的政权，革命也就不能进行到底了。所以，我们认为，解构主义中破旧的勇气与智慧的确富于启示，但解构主义终难成社会主流，或被主流社会平静接受。

另外，要尽量避免解构主义思潮所造成的负面影响，特别是不能滥用之。王蒙先生有一段话很值得咀嚼②：

科学和技术的发达把很多东西解构了（现在有两个词，一个叫解构，一个叫去魅，鬼魅的魅，把身上的神学色彩给去掉了）。所以19世纪末20世纪初，出现了所谓“上帝死了”的说法——就是原来对上帝的崇拜、对神的崇拜，一切行为都由神来要求，没有道理可讲，按照神的意志去办就行了，可是科学的发达使你感觉到，在世界上找不出那样一个人格神来了，所以“上帝死了”。到了现代主义的时候，甚至出现了“人死了”。什么意思呢？就是人并不是宇宙的中心，并不是世界的中心。许多伟大的事情，你用科学技术一衡量，并不是那么伟大。譬如说月亮，月亮在多少个民族的精神生活中，是一种幻想，一个永远的可望而不可即的幻想。可是美国人在20世纪60年代上去了，发现月亮是一个死寂的星球，没有吴刚、没有嫦娥、没有兔儿爷、没有桂花树，人的这些幻想没有了……所以大量的科学和技术、透视的技术，把人解构了。不管多么美丽的人，你给她做一个CT扫描，把扫描图拿出来，你不会觉得有太多的美感，不管她是王嫱、西施还是貂蝉。

① 张隆溪．二十世纪西方文论述评．北京：三联书店，1986. 167

② 王蒙．全球化视角下的中国文化．光明日报，2006－06－01

这种解构方式下的结果，是悲还是喜？是祸还是福？恐怕更值得我们深思。

四、延伸阅读

1. ［法］雅克·德里达. 解构与全球化. 南京大学学报，2002（1）

2. 肖锦龙. 德里达的解构理论思想性质论——文化的视角. 北京：中国社会科学出版社，2004

15. 重视所处的环境，到哪座山唱哪个歌吧——

语境（Context）

语 境

第二次世界大战期间，一些刚果士兵第一次看到唐老鸭时，向银幕上扔石头，因为他们认为，他们正被人取笑。“动物不会讲话，”他们喊道，“谁见过一只穿军装的鸭子？”

一、语境概述

语境（context）即言语环境。这一概念最早由英国人类学家B. Malinowski在1923年提出。他区分出两类语境，一是“情景语境”，另一是“文化语境”。“情景语境”属于语言性的，既包括书面语中的上下文，也包括口语中的前言后语；“文化语境”属非语言性的，指的是交流中所依赖文本以外的诸种因素，包括时间、地点、场合、话题，交际者的身份、地位、心理背景、文化背景，交际目的，交际方式，交际内容所涉及的对象以及各种与话语结构同时出现的非语言符号（如姿势、手势）等。

我们先对“情景语境”作一具体介绍。

大家应该注意到了，在一个文本（text）中，某一词语所表达的意义总是会受到上下文的影响。举《红楼梦》中一个例子。《红楼梦》第九十八回“苦绛珠魂归离恨天，病神瑛苦洒相思泪”中，林黛玉香消玉殒，遗恨而去。她临终前说了一句：“宝玉，你好……”这一句未完的话的涵义是什么？人们联系整篇小说的上下文语境得出多种猜测。猜测一：“宝玉，你好狠!”为何呢？他俩从小青梅竹马，两小无猜，两人之间早已有了深厚的感情，虽无山盟海誓，但已心知肚明。如今宝玉竟舍她而去，要与宝钗成亲，不明其中原委的黛玉自然怨恨他，恨他的薄情，恨他的寡义。猜测二：“宝玉，你好苦!”这也合情合理，林黛玉在世间惨淡了十几年，早已历尽了人世的悲欢离合。在生死弥留之际，她更是看透了世间的一切真假虚实，这时的大彻大悟让她对还在红尘中挣扎的宝玉充满了同情。猜测三：“宝玉，你好自为之。”这句话包含了她对宝玉的规劝和安慰，就好像在说：宝玉，我就要离开这污浊的世界了，可是你还留在这里，我爱莫能助，你好自为之吧。如此等等，都说得过去。因为这四个字所处的语境非常丰富，故其内涵也就跟着丰富起来了。

结构主义学派瑞士语言学家索绪尔曾用“下棋”规则来描述语境机制。“首先，下棋的状态与语言的状态相当。棋子的各自价值是由它们在棋盘上的位置决定的，同样，在语言里，每项要素由于它同其他各项要素对立才能有它的价值。”[1] 英国学者瑞恰慈在谈及语境在文本中的重要意义时，用“人体运动”作比喻：“我只动一下手，实际上全身的骨骼和肌肉都用上了，它们支持着、配合着手的运动，同样，一个词语从一个由其他语境的其他词组成的巨大支持系统得到力量。”[2] 正如棋盘中的每一颗子每一步棋，其意义要放在整盘棋中才能显示出来一样，这两个比喻都告诉我们一个道理，对某一词组某一文本的意义的理解，要与一个广博的如纵横坐标体系的语境联系，这样才能准确理解其义。

再对“文化语境”作一介绍。

文化语境属非语言性语境，又称为社会语境。它指的是说话者所处的社会的、文化的环境对其言说内容的影响。我们都熟悉“到哪座山唱哪支歌”这一俗语。它揭示的道理朴素而深刻：唱什么歌和怎么唱，要视所处的环境而定。脱离了社会语境，你的“歌”就无法“唱”下去。举一个常见的例子，比方说“小姐”这一称谓，据记者调查，现在有不少女性讨厌被人这样称呼。[3] 一些男士称呼服务行业的女性时，特别注意不用这一称呼，有些则改用“小妹”称呼之。其实，“小姐”这一称呼语最早可追溯到宋元时期，是指对地位低下女子的称呼。及到明代，开始有褒称之意。到近代，“小姐”与“少爷”一样成了有钱人家子女的尊称。1949年无产阶级政权建立后直到“文革”结束，“小姐”意味着“娇生惯养，好逸恶劳”，是“寄生虫”的代名词，一提“小姐”便是“资产阶级的臭小姐”。20世纪90年代后，“小姐”迅速成为全社会交际的领衔称呼语，成为对于年轻女性带有褒义的雅称，并迅速流传开来。近些年，“小姐”之称已与色情行业联系在一起，在一些年轻女性眼里，这一称呼已带有侮辱性质了。可见社会环境变化会影响到语言的含义。

二、语境原理的应用

语境原理因为与我们的言说行为无时无刻不关联着，因而被广泛运

① ［瑞士］索绪尔．普通语言学教程．北京：商务印书馆，1996. 128

② 转引自赵毅衡．新批评——一种独特的形式文论．北京：中国社会科学出版社，1988. 126

③ 北京四成女性拒绝小姐称呼　认为其等同三陪女．法制晚报，2005－10－12

用。这里介绍两个方面的内容。

（1）语境与“语用学”。语用学是语言学各分支中一个以语言意义为研究对象的新兴学科领域；语境是语用学的核心概念之一。语用学专门研究语境在交际过程中的作用。人们的正常语言交流总离不开特定的语境。语境包括交际的场合（时间、地点等），交际的性质（话题），交际的参与者（相互间的关系、对客观世界的认识和信念、过去的经验、当时的情绪等）以及上下文。语境直接影响着人们对话语的理解和使用。

语用学特别研究语言传播中的“得体”策略：对适当的人，在适当的时间，在适当的地点，说适当的话。吕叔湘先生说：“此时此地对此人说此事，这样的说法最好；对另外的人，在另外的场合，说的还是这件事，这样的说法就不一定最好，就应用另一说法。”所谓“得体”，实际上就是所说之话与所处的语境是否谐调的问题。为了有效交流，人们往往根据社会环境变化来调整言说。据记载，拿破仑第一次复辟，对他从厄尔巴岛反攻至巴黎的过程，巴黎的报纸先后作了如下报道——第一条消息：“科西嘉的怪物在儒安港登陆。”第二条消息：“吃人魔王向格腊斯前进。”第三条消息：“篡位者进入格勒诺布尔。”第四条消息：“拿破仑接近枫丹白露。”第五条消息：“陛下将于今日抵达自己忠实的巴黎。”所有这些消息都是几天内先后登在同一报纸上，出自同一编辑之手。其言说方式的变化，是由社会环境变化引起的，只有从这一角度来认识，才能获得充分的理解。研究语用学的学者钱冠连先生深有感慨地说：“事实上，人不能想说什么就说什么，不能想怎么说就怎么说，不能想对什么人说就对什么人说。我们在说话的时候，顾及这顾及那，看人的脸色，不断地改变初衷。我们在做语言环境的奴隶，不折不扣的奴隶。”①

（2）高语境与低语境。美国文化人类学家爱德华·T. 霍尔在1976年出版的《超越文化》一书中，提出文化具有语境性，并将语境分为高语境（high context，即HC）和低语境（low context，即LC）。“低语境是指一切都需要用语言讲清楚，也就是说双方并没有分享一个共同的语境”；“高语境是指许多的意思都包括在语境之中，不需要每一点都明白无误地讲出来”。举例而言，对于朝夕相处的家庭成员来说，长期共同生活使他们形成

① 钱冠连．语用学：人文网络言语学．读书，1996（11）

了许多默契，因此，他们在交流中，直接通过语言或动作来表达的成分较少，更多的内容存在于由双方共同生活体验形成的心灵感应；而两个初次见面的陌生人的交流，却要花费更多的口舌。前者就是高语境的，后者则是低语境的。霍尔认为：“任何事物均可被赋予高、中、低语境的特征。高语境（HC）事物具有预先编排信息的特色，编排的信息处于接受者手里及背景中，仅有微小部分存于传递的信息中。低语境（LC）事物恰好相反，大部分信息必须处于传递的信息中，以便补充语境中丢失的部分（内在语境及外在语境）。”霍尔认为，在高语境文化中，由于社会发展缓慢，缺乏变化，其历史传统、风土人情、人际关系具有高度的同质性和重复性，绝大部分信息都已储存于现成的语境中，成为全体成员共享的资源，因此社会成员在人际交往上，更擅长借助潜在的“语境”进行交流。其成员性格内敛，从传播者角度讲，他们在表达感情和传递信息方面，喜好用含蓄、间接、隐晦的方式，不把信息完全、充分地提供给对方；而从接受者角度来看，也善于从提供信息的蛛丝马迹中准确“猜”出对方的意图。因而高语境文化特别推崇“悟性”，讲究“言有尽而意无穷”、“羚羊挂角，无迹可求”、“心有灵犀一点通”、“一切都在不言之中”等。而低语境文化则相反，交往中对语境的依赖程度低，该说的都说出来了，不含蓄不隐晦。

Gudykunst等人根据霍尔的理论，把世界各国区分为高语境文化国家和低语境文化国家，并由高至低排列了12个不同文化背景的国家：中国、日本、阿拉伯、希腊、西班牙、意大利、英国、法国、美国、斯堪德纳维亚、德国、瑞士。从上面的排列方式不难看出，中国属于典型的高语境国家，美国则属于偏低的一方，属于低语境国家。究其原因，中国属于农业国，民众安土重迁，彼此互相熟知，联系密切，有着长期共同的生活经历和背景，形成高语境文化；而美国正好相反，属于工业国，人口迁量大、速度快，加上“个人主义”和“隐私”的观念，使人们相互之间不易培养共同的生活经历和背景，在交流中不得不靠语言来表达，由此形成低语境文化。

高语境、低语境文化的区分，对于跨文化传播具有启示。东方禅悟式的传播方式，在对西方传播时，肯定不是最好的方式了。从佛经与圣经的言说方式中足可见这一点。

三、语境原理的启示

前面说过，语境可分为“情景语境”和“文化语境”两方面。就其启示而言，我认为，“文化语境”所揭示的具有更广泛的意义。

启示之一：如何契合文化语境，使传播更为有效。著名传播学家施拉姆曾引用了耶鲁大学心理学家杜布的研究：“一部在尼日利亚拍摄的指导母亲如何给婴儿洗澡的教育片，冒犯了乌干达的妇女。她们说，一个孩子不能光着身子让人瞧，而且他的头必须先洗，而不是在最后。甚至看来被全世界接受的卡通片也会引起麻烦。在第二次世界大战期间，一些刚果士兵第一次看到唐老鸭时，向银幕上扔石头，因为他们认为，他们正在被人取笑。‘动物不会讲话’，他们喊道，‘谁见过一只穿军装的鸭子?’”杜布认为，失败的原因在于“它们不适合当地的观众”。说得更确切点，它没有与所处的文化语境达成“契约”，良好的传播动机产生了负面的传播效果。

跨文化传播中，因文化语境的变换，更应注意传播内容和传播策略的调整。2003 年第五期的《散文》杂志上刊登了这样一个故事：

我的老婆在京城一家大医院里当护士。她给我讲了一个发生在她所在的科室的故事。他们科的张大夫从日本回来。张大夫说，在日本，医院里的医护人员真正做到了视患者为衣食父母。大夫在手术之前，都要先给患者鞠躬。还有，日本医学院校的师生，在解剖课上，对遗体进行解剖之前，都要向遗体鞠躬，以示对死者的尊重。

年轻的张大夫不仅把在日本学到的知识带回来了，而且带回了他们的礼仪。他归国后的第一次手术时，患者被推进了手术室，张大夫在手术前恭恭敬敬地向患者鞠了一个躬，一边说：“谢谢您对我的支持，谢谢啦。”患者吓了一跳，旁边的同事也全都被他吓了一跳。手术结束，张大夫又向患者的家属鞠了一躬，一边鞠躬一边说：“谢谢你们对我的信任，谢谢啦。”家属同样没有一点儿心理准备，被吓了一跳。回到科室，大夫、护士们就开始批评他，说：“你不要再闹笑话了，这里不是日本，你已经回国了，你那一套不符合国情。不但患者受不了，我们也受不了。”

张大夫显得非常痛苦，可还是按照同事们的要求把他在日本学到的那套礼仪改掉了。老婆说："这件事后来一直被当成笑话传播。"

这是一个非语言传播的例子。我们不能完全责怪中国人不懂礼节，只是日本人的这一套礼节不适合中国的百姓。这位医生的鞠躬所传播的内容，在国内明显地缺乏一个接受的文化语境。

启示之二：如何利用好文化语境，发挥好"软实力"作用。我们知道，文化语境包括社会文化、民俗习惯、价值观念、社会心态、舆论环境等诸多方面。它像一只无形的手影响着传播效果。而"软实力"主要就是文化实力。它与经济、政治、军事等"硬实力"相对而言。有两个经典的例子是颇让人寻味的。20 世纪 70 年代的伊朗，以巴列维国王为首的少数皇室成员在全国推行国家的工业化和现代化，当时是雄心勃勃、信心十足的。尽管他们顺应了历史的潮流，也控制了所有最新式的大众传播媒体，但由于传统宗教势力所造成的强大文化语境，使得他们所传播的信息不被公众认同。而反对势力霍梅尼虽然不掌握报纸和电台等现代化传播媒体，但他的学说和文章都通过录音带和手抄传单大量流入国内，原因在于他熟悉文化语境，使用了公众所熟悉的语言，宣传的又是适合公众口味的伊斯兰教义。在这场对立的传播竞争中，文化语境所表现出的作用力是十分明显的。有人说，巴列维是被录音带打败的，其实，巴列维的错误在于忽略了文化语境的作用力。与此相反，印度的甘地就不同，他认识到他鼓吹的独立、平等、自由等新的价值观念显然与传统的等级制文化不相符合，但是他能巧妙地利用文化语境的正效应；利用旧文化的代表宗教神职人员为他说话，以满足受传者的选择性心态，用人民所熟知的语言来宣传新的文化意识。他终于得到了人民的支持。

四、延伸阅读

1. 钱冠连．语用学：人文网络言语学．读书，1996（11）
2. ［瑞士］索绪尔．普通语言学教程．北京：商务印书馆，1996

三 认识世界

16. 多一种方式去感知世界，你会发现更广的一片天——

测不准原理（Uncertainty Principle）

测不准原理

假如我们打算测量出烧杯中溶液的温度，那么我们得把一根温度计放入溶液中进行测量。可是温度计是凉的，把它放入溶液中就会使溶液的温度稍微降低了。从理论上说，这时我们测到的溶液温度已经不十分精确了。

一、测不准原理概述

人类对世界的把握，测量是一个重要的手段。比方说，用眼睛去看景物、用耳朵去听声音，这是直接用人的感官去把握。进一步说，用尺量长度、用秤称重量，这是借助工具去把握。越来越多的精密仪器帮助人们越来越精准地去把握世界。有谁听说过对世界的测量存在测不准的情况吗？

德国物理学家海森堡于1927年提出世界存在着“测不准”的现象。而后他对此进一步研究，提出了著名的测不准原理。

测不准原理来源于海森堡在创立矩阵力学时的思考。以往人们习惯使用“坐标”、“速度”之类的概念去确定事物的物理属性或状态，海森堡虽然也使用这些概念，但他并不以为这些概念能准确定位客观对象的物理属性。海森堡曾试图用矩阵力学为电子的径迹作出数学表述，可是没有成功。问题在哪？他反复考虑，意识到关键在于电子轨道的提法本身有问题。也就是说，用“电子轨道”这一概念根本就无法准确描述电子的运动状态。因为人们看到的径迹并不是电子的真正轨道，而是水滴串形成的雾迹，水滴远比电子大，所以人们也许只能观察到一系列电子的不确定的位置，而不是电子的准确轨道。因此，在量子力学中，一个电子只能以一定的不确定性处于某一位置，以一定的不确定性具有某一速度。为此，海森堡指出：“如果谁想要阐明‘一个物体的位置’（例如一个电子的位置）这个短语的意义，那么他就要描述一个能够测量‘电子位置’的实验，否则这个短语就根本没有意义。”

对于海森堡关于电子轨道测不准的理论解说，也许我们感到难以理解。我们不妨列举生活中的一些现象来理解这一理论。比方说，我们要测量电池的电压，那么在测量过程中，实际上电池会逸出极小量的电流来推动电表的指针使电表显示出数值。而电流逸出则表明电池的电压已经由于测量它这一过程而稍微降低了。再假如我们打算测量出烧杯中溶液的温度，那么我们要把一根温度计放入溶液中进行测量。可是温度计是凉的，把它放入溶液中就会使溶液的温度稍微降低了。从理论上说，这时我们测到的溶液温度已经不十分精确了。物理学家M. 波恩也注意到了这一现象：“要通过显微镜来观测（物体），意味着要通过显微镜发送一束光子。这些光子和被观测的粒子相碰撞。如果被观测的粒子很重，像一个细菌或原子，它们实际上将不受光子的影响，因此用透镜聚集起偏转了的光子便可给出目的物的图像。但如果这粒子是介电子，它很轻，因此在和光子碰撞的时候就要有反冲，康普顿最先直接观测到了这种效应。电子速度的改变在某种程度上是不确定的，并且依赖于物理条件，使得在此情况下会严格满足海森堡的测不准关系。”

测不准原理的要义在于：一个微观粒子的某些物理量（如位置和动量），不可能同时具有确定的数值。其原因在于它必须借助电子显微镜才能被观察到。而电子显微镜在工作时，自身会产生光子，这些光子就会干扰被观测物的粒子运动。结果就使得观测者无法同时准确测定一个粒子的位置与速度。这种由观测方发出的干扰而造成的“测不准”现象，广泛发生在任何一种物理观察中。只不过有些干扰十分微弱，可以忽略不计，从而让人们感觉不到“测不准”现象的存在。如前面提到测量电池电压或容器中溶液的温度一样，通常被人们忽略了。

二、测不准原理的运用

测不准原理说的虽然是量子物理微观世界中的事，但其原理在宏观世界中同样相通，所以迅速为其他学科所应用。

文学批评者们发现，测不准理论非常有助于解释文学作品阅读中的不确定现象。研究文学接受的人都知道，不同的读者对同一作品的理解，往往存在不同程度上的差异。我国的古人干脆宣称“诗无达诂”，就是说对诗歌的理解可以千差万别，不需有也没有最标准的解释。为什么会出现这种情况呢？可以从两个层面来讨论之。首先，不同的方法会造成对同一对象的不同解读。比方说对意识流小说，就不能用传统的写实主义的方法去解读。有学者指出，“一定对象只有用相应的方式去把握，这大概是普遍规律。犹如牛顿经典力学只能说明宏观世界运动对象而微观世界运动对象应由量子力学来解释一样，对现代派文学也不能仅靠传统文学培育的审美习惯来欣赏”[①]。这一现象还不属于测不准原理讨论的话题范围。其次，不同的读者会对同一对象作出不同的解读。这就是所谓的“一千个读者心里有一千个哈姆莱特”。这一现象正与测不准原理相关。“现代派文学的难以

① 吴竹筠，夏中义.“测不准原理”与现代派文学欣赏. 名作欣赏，1983（2）

确定性在阅读过程中转化为使读者为难的不确定性，这个现象与观察微观世界粒子运动时的‘测不准’现象极为相似，几乎可以说是同一规律在文学与物理学领域的不同形态的表现。”① 研究者认为，现代派文学与传统文学不同，它侧重于人物心理甚至是潜意识的表现，让人物与读者直接开展心灵对话，不需作者从旁解说。这样，读者在阅读现代派作品时，会更多地投入个人的情感与体验。这是读者阅读传统文学与现代派文学的区别。阅读文学作品，实际上也可以理解为是一种观察，它是通过观察媒介作用于观察对象，也就是说，它是读者（主体）施加一定心理能量（媒介物）于作品（客体）。在传统文学作品的阅读时，这种心理能量施加得少，对作品接受的干扰也少，甚至可以忽略不计；但在阅读现代派文学作品时，读者施加的心理能量多了，就像在电子显微镜下观察粒子运动，就会出现飘忽状，具有不确定性。所以，现代派文学研究专家袁可嘉先生一再强调，对现代派文学作品的理解，不必要求“全懂”，有百分之七八十的理解准确即可。朦胧诗还得朦胧掌握。

测不准原理同样可以应用在新闻学研究中。我们知道，新闻的基本功能就是要向受众报道事实的最新状态。真实、准确是它奉行的标准，新闻不能受到记者本人的观点影响，它必须客观。这些要求集中表现为“客观原则”。一些客观主义理论的鼓吹者，甚至要求新闻报道是“物质的而非心灵的，可被物理标准测定的”②。但长期以来，客观原则一直饱受争议。从实践中看，不带主观色彩的纯客观纪实几乎是无法操作的。一个从事报道的人，在选择、理解事实时，毫无例外地与他的认识水平、政治立场、个人喜好等诸多主观因素发生着一定程度的关联，要想摆脱这些因素而超然于世，简直就是拔着自己的头发要离开地球一样不可能。《大众传播学诸论》一书中说过：“至少在多数西方社会，新闻媒介不是蓄意要制造幻觉或欺骗任何人。相反，新闻界的道德准则强调‘客观’、‘公正’、‘透彻’和‘真实’。但这是一场未曾开始就会输掉的游戏。消息的选择性和曲解是记者、编辑、制片人或发行人所控制不了的因素的产物。”③ 如果联

---

① 吴竹筠，夏中义.“测不准原理”与现代派文学欣赏．名作欣赏，1983（2）

② 李良荣．西方新闻事业概论．上海：复旦大学出版社，1997. 55

③［美］梅尔文·德弗勒·桑德拉等．大众传播学诸论．北京：新华出版社，1990. 292

系“测不准”原理来看，我们就可以获得对这一问题的清醒认识。一方面，认识主体在把握客观世界时，一定会掺杂主观色彩；另一方面，新闻强调客观性，实际上要求新闻报道尽量处于一种物理性质的观察状态，这样主观色彩虽然也会干扰，但这种干扰可以降低到忽略不计的程度。就像我们前面提到的测量电池电压或容器中溶液的温度时，测量主体（电压表、温度计）的影响是小到可忽略的程度。这就是客观主义者孜孜以求的目标。

三、测不准原理的启示

测不准原理让我们想到这样一个问题：这个世界究竟是“测得准”还是“测不准”?

以往，我们都习惯于从“测得准”这一层面思考问题。我们从效度与信度两方面判断如何才是“测得准”。什么是“效度”？效度指的是测量工具测出的变量的准确程度，即测量的准确性。什么是“信度”？信度指的是测量结果的一致性与稳定性，也就是指测量工具能否稳定地测量所测的变量，即测量的可靠性。

依照效度的要求，人们在测量客观物体时，首先是要找到相当的测量工具。用尺量长度、用秤称重量，这些测量工具都是合适的。如测量工具使用不当，就会出现无效度的情况。极端的例子是古代寓言故事“盲人摸象”中所提到的用手摸大象，不同的部位得出不同的结论。一只大象因此而被描绘为不同的形态。如果说这也是“测量”的话，那么这样的测量就是无效度的。

依照信度的要求，一个测量工具对被测量对象的数次测量都是相同的，具有稳定性，因而是可靠的，就具有信度。比方说，某个物体每次秤得的重量都是10克，那么这个测量具有稳定性，也就是有信度的。

大多数情况下，我们都可以找到准确测量事物的工具，其效度与信度也没被人怀疑过。即使是那种没有现成的测量工具的情况下，我们也有办法努力做到“测得准”。典型的例子莫过于中国古代故事《曹冲称象》。那么一头大象，没有足够大的秤可以称出其体重。聪明的曹冲想出了用船作中介的方法。以大象在船上的排水量，对应相当的石头在同一条船上的排水量。那么，石头的重量就是大象的重量了。这一聪明之举得到世人的认可。换言之，这次对大象的衡量是有效的。即使存在细微误差，也是可以忽略不计的。

正是因为我们习惯了“测得准”，习惯了满足于以效度与信度来判断测量的结果，就往往容易忽视某些“没测准”的测量结果遮蔽了我们对事物的认识。

测不准原理告诉我们，世界上有些东西是无法做到测得准的。这真是给我们打开了另一扇思考的大门。我们沿着它所提供的思路发现，事实上，我们在认识客观事物时，由于认识主体——人的因素的作用或干扰，我们往往难以机械式地去把握认识客体。从上面我们所举的例子看，无论是对文学作品的理解，还是新闻对客观世界的报道，都免不了带有主观色彩。这不禁让我们想起顾城的一首小诗《远和近》：

你，
一会看我，
一会看云。
我觉得，
你看我时很远，
你看云时很近。

这远和近是“测得准”还是“测不准”?

但事实上，人类对客观事物的观察，不可能脱离个体的主体。测不准原理揭示的是认识过程中观察媒介与观察对象的矛盾。你说它干扰了观察结果，但你又必须依靠它去观察。那么我们还有什么选择吗?没有。那怎么办?

虽然如此，测不准原理并不是要我们放弃测量。已有的研究表明，有些测量受中介干扰大，有些则受干扰微乎其微，可以忽略不计。比方说新闻记者报道事实，我们强调客观原则，减少主观色彩，这就使干扰降低了很多。对于那些受中介干扰较大的测量，我们只要意识到这些干扰的存在，同样是可以完成对客观事物的认识的。比方说对文学作品的鉴赏，本身就欢迎阅读者的情感参与。这样，测不准所产生的效果，反而使得作品的形象摇曳多姿，正是文学阅读所追求的效果。

通过上述讨论，我们能否得出这样一个结论：世界上有些事物是要准确测量的，有些是难以或根本就无须准确测量的。“测不准”不是无奈的选择，而认识客观世界的另一条途径。

四、延伸阅读

1. 吴竹筠，夏中义. “测不准原理”与现代派文学欣赏. 名作欣赏，1983（2）

2. ［德］W. 海森伯. 物理学和哲学：现代科学中的革命. 范岱年译. 北京：商务印书馆，1981

（与侯迎忠合写）

17. 认识世界，你也在建构世界——

建构（Construction）

建构

记者近距离拍到的照片，与网上盛传的”犀利哥”形象简直判若两人。照片上的“犀利哥”虽露出笑容，但正如一家报纸的配图文字所说：“这一笑颠覆了很多原本对他的印象，也让人感觉有些辛酸。”

一、建构和建构主义概述

对于从未接触过这方面知识的人来说，一下子冒出两个概念来，似乎摸不着头脑。我们在此不妨改变一下行文方式，先不从概念入手，而从一宗网络事件讲起。

2010年2月23日，在天涯论坛上出现了一篇名为《秒杀宇内穷极华丽第一极品路人帅哥！帅到刺瞎你的狗眼！求亲们人肉详细资料》的帖子。帖中出现的乞丐被称为“犀利哥”，他神似放荡不羁、穿着不伦不类。帖中对他的描述是：“那忧郁的眼神，唏嘘的胡碴子，神乎奇迹的穿着，还有那杂乱的头发，都深深地迷住了我。”有网友则对这乞丐的一身打扮如此评论：“欧美粗线条搭配中有着日范儿的细腻，绝对日本混搭风格，绝对不输藤原浩之流。发型是日本最流行的牛郎发型。外着中古店淘来的二手衣服搭配LV最新款的纸袋。绝对谙熟混搭之道，从视觉色彩搭配上讲，腰带绝对是画龙点睛之笔。然而这根腰带绝非那些上班族小白领所能承受得起的，全球限量发行的GUCCI xclot混色系腰带，只有那些敢于为潮流献身的人才能看懂。”有网友惊呼：“这个乞丐太有范了。”网友taoo则说：“我看到这个帖子就转给同事MM了，她惊呼天人，于是往各个群里贴，被无数姐妹狂赞，我知道了一个道理，是金子总要发光的。”网友瑞萱说：“这种帅乞丐我也见到过，但是没怎么看清楚脸，但是那个身材，那个气质……我当时的第一反应就是‘这是不是明星在拍电视’。”①

短时间内，这位所谓“犀利哥”迅速走红网络，并且被传统媒体广泛传播。不少报纸都不惜巨幅长篇累牍加以转载。很快，“犀利哥”风潮席卷海外，日本媒体、英国多家媒体都给予了大篇幅的报道。

关于“犀利哥”的身世，网上也出现多种猜想版本。越是猜想，他的身世越是神秘。有人甚至认为这位乞丐的举止太过惊世骇俗，竟质疑其乞丐身份。

随着时间的推移，在各种媒体的“人肉搜索”下，“犀利哥”的身世终于露出水面，结果使人大失所望。正如一篇报道的大标题所说：“潮Look幻灭，犀利哥做回凡人了。”记者近距离拍到的照片，与网上盛传的

① 最帅乞丐犀利哥图片. http://zhidao.baidu.com/question/140953282.html? si=3

“犀利哥”形象简直判若两人。照片上的“犀利哥”虽露出笑容，但正如一家报纸的配图文字所说：“这一笑颠覆了很多原本对他的印象，也让人感觉有些辛酸。”①

网上流行的原图（左），被极度建构的“犀利哥”（中）与“犀利哥”本人（右）

“犀利哥”事件终于尘埃落定。几天时间内，一个略有精神障碍的乞丐无端地迅速成为网络明星，这一事件就非常有建构意味。

“建构”一词，最早出自瑞士心理学家皮亚杰（J. Piaget）。他是认知发展领域里最有影响的一位心理学家，他所创立的关于儿童认知发展的学派被人们称为日内瓦学派。皮亚杰从内因和外因相互作用的角度来研究儿童的认知发展。他认为，儿童是在与周围环境相互作用的过程中，逐步建构起关于外部世界的知识，从而使自身的认知结构得到发展。在皮亚杰等学者的共同努力下，形成了建构主义（constructivism）学说。这一学说认为：人对事物的认识，不是大脑对事物直接的、简单的反映，而是以原有知识为基础，在主、客体相互作用中建构而成的。这种认识依赖于主体原有的知识和经验。因此，不同的人常常会对同一事物建构出不同的意义和认识。

依照认知过程中主、客体互相作用的不同情况，皮亚杰提出“同化”与“顺应”两种认知模式：同化是指认知主体将客体同化。即认知主体把外部环境中的有关信息吸收进来，整合到自己原有的认知结构（也称“图

---

① 信息时报，2010－03－07（A12）

式”）内的过程；顺应是指认知主体向客体的转化。当认知主体遇到不能用原有图式来同化新的刺激时，便要对原有图式加以修改或重建，以适应环境。可见，同化是认知结构数量的扩充（图式扩充），而顺应则是认知结构性质的改变（图式改变）。认知个体（儿童）就是通过同化与顺应这两种形式来达到与周围环境的平衡：当儿童能用现有图式去同化新信息时，他是处于一种平衡的认知状态；而当现有图式不能同化新信息时，平衡即被破坏，而修改或创造新图式（即顺应）的过程就是寻找新的平衡的过程。儿童的认知结构就是通过同化与顺应过程逐步建构起来，并在“平衡——不平衡——新的平衡”的循环中得到不断的丰富、提高和发展。这就是皮亚杰关于建构主义的基本观点。

二、建构主义理论的应用

建构主义理论认为知识建构的过程是一个意义建构的过程，是学习者通过信息的输入，在大脑中将新旧经验进行重组、改造、相互作用来形成、丰富和调整自己的经验结构的过程。所以建构主义者更关注如何以原有的经验、心理结构和信念为基础来建构知识。

我们还是以“犀利哥”的被建构为例，了解一下建构主义的眼光是如何认识这一事件的。

建构理论中的“同化”现象，就是指认知主体在接受新的信息时，总是以自己原有的认知结构去理解之、整合之。网民对“犀利哥”的认知，就是一个典型的同化的过程。即以自身头脑中的已有的图式，在一个乞丐身上建构出“帅”与“范”的形象。那么，众多网民（甚至包括传统媒体的受众）头脑中的这些原有印象又是如何形成的？显然，这与乞丐形象的正面化有关。乞丐形象正面化，与金庸先生的小说有关。有谁统计过金庸笔下出现过多少乞丐？金庸笔下的乞丐，铁肩侠胆、傥倜不羁，一个个都很有“范”。加上电影、电视等作品的改编，众多英俊靓丽的明星都出演过其中的乞丐，更是推动了乞丐形象的正面化。正如《广州日报》一则新闻报道标题所说“犀利哥成娱乐圈香饽饽”（2010 年 3 月 8 日 B1 版）。有网友曾感叹：金大侠小说中的丐帮及帮主洪七公的形象，已越来越多地被影视界演绎成活生生的公众形象，并迅速被中国的乞丐所接受、所崇拜，成为当代丐帮的精神支柱。从某一角度来讲，金大侠的“所作所为”

已不知不觉地推动了中国乞丐职业化进程。① 同样，这些艺术传播也会影响到人们对乞丐印象的改变和对其形象的期待。同化是认知的主要途径，这对了解人们如何获取信息是非常有帮助的。

建构主义理论的应用主要体现在知识学习和认知领域中。建构主义理论强调建构知识的主动性、社会性和情境性，并以此为基础，对学习和教学提出了许多见解。建构主义提倡在教师指导下的、以学习者为中心的学习，也就是说，既强调学习者的认知主体作用，又不忽视教师的指导作用，教师是意义建构的帮助者、促进者，而不是知识的传授者与灌输者。学生是信息加工的主体、是意义的主动建构者，而不是外部刺激的被动接受者和被灌输的对象。这些理念，对知识获取过程中学与教两方面的作用都带来了新的认识。人们将这些观点落实到教学实践中，从而提出了全新的教学理念：

第一，以学者为中心而不是以教者为中心。在学习过程中要充分发挥学生的主动性，要能体现出学生的首创精神；要让学生有多种机会在不同的情境下去应用他们所学的知识（将知识“外化”）；要让学生能根据自身行动的反馈信息来形成对客观事物的认识和解决实际问题的方案（实现自我反馈）。

第二，意义建构是学习的最终目的。在建构主义学习环境中，强调学生是认知主体、是意义的主动建构者，所以把学生对知识的意义建构作为整个学习过程的最终目的。教学设计要从如何创设有利于学生意义建构的情境开始，整个教学设计过程紧紧围绕“意义建构”这个中心而展开。教师要启发诱导学生自己去发现规律、自己去纠正和补充错误的或片面的认识。

第三，重视“情境”在意义建构中的作用。建构主义认为，学习总是与一定的社会文化背景即“情境”相联系的，在实际情境下进行学习，可以使学习者能利用自己原有认知结构中的有关经验去同化当前学习到的新知识，从而赋予新知识以某种意义；如果原有经验不能同化新知识，则通过顺应过程，对原有的认知结构进行改造与重组。

---

① 南方圣人．金庸小说推动了中国乞丐职业化进程．http：//bbs.66wz.com/thread-41125-1-1.html

第四，通过“协作学习”共同完成意义建构。建构主义认为，学习者与周围环境的交互作用，对学习内容的理解（即对知识意义的建构）起着关键性的作用。学生们在教师的组织和引导下一起讨论和交流，共同建立起学习群体并成为其中的一员。在这样的群体中，共同批判地考察各种理论、观点、信仰和假说。通过这样的协作学习环境，学习者群体（包括教师和每位学生）的思维与智慧就可以被整个群体所共享，即整个学习群体共同完成对所学知识的意义建构，而不是由其中的某一位或某几位学生去完成。

三、建构主义思想的启示

建构主义思想主要是研究认知过程的，其启示主要也在认知领域中。

第一，对如何有效获取知识提供了全新的思路。比方说对新的知识的记忆，过去我们常常采取“死记硬背”的方式；教师教学，也有“填鸭式”、“满堂灌”等方式。效果都不好，何故？建构主义理论给了我们很好的答案，原来上述二者都没有考虑到认知过程中主、客体的相互作用，没有考虑到学习过程中的意义建构。再比方说，建构主义理论告诉我们，学习者群体的思维与智慧可以被整个群体所共享，整个学习群体共同完成对所学知识的意义建构，而不是由其中的某一位或某几位学生去完成意义建构。这就能解释，为什么许多人都感觉到在大学里学习，同学之间的互相讨论与交流非常重要。我们国家的“电大”热为何迅速降温，很大原因就是其学习方式有问题。学生只是在电视机上听老师讲课，再通过几堂面授课大家见个面。从多年的实践来看，“电大”学生质量普遍不高，原因之一就是缺乏“协作学习”这一平台，没有机会让同学们共同完成意义建构。由此看来，互动式、交流式是真正符合认知规律的教学方式。

第二，建构主义理论也在启示我们，人们的认识往往囿于经验，对此要保持警惕。同化现象表明，人们头脑中原有的“图式”对认识新的事物的影响非常大。李普曼在《舆论学》一书就提出过“刻板的陈见”的观点。他说：“先入之见形成以后，旧的形象就会淹没新的视野，并影射到记忆中的重新出现的世界中去。”认知过程中，当认知主体的原有的图式形成了“刻板的陈见”后，就会出现认知主体完全一厢情愿而无视认知客体实际的极端情况。这显然不利于人们对客观世界的正确把握。皮亚杰意识到了这一点，他认为，人们的认识会不断出现认知主体的自我中心化，它影响了对世界的客观准确的把握。人们对生活的认识一旦被“自我中心”所限制，从其思维定式出发，其主观色彩愈浓，就有可能距离真实生活愈远。对于“犀利哥”，就有网友妄猜：“以我多年的经验来看，此人身材挺拔，神光内敛，面目沧桑，浑身充满着一股不知名的气场，一般人称‘男人味’，但在我看来，他那却是一种隐隐约约的杀气，所以，我判断，此人有可能是武林某个隐秘门派的世家子弟入世历练，或者是某个大家的传人，因犯下门规，比如与仇人之女相恋而被逐出师门。”① 真相表明，这种凭“多年经验”构建出的猜想很是离谱。所以，皮亚杰提出必须“解除自我中心化”，就是要重新调整认识事物时主、客体的关系，使主体在原有认识结构的基础上重新建立新的、更客观的系统，加强认识的客观性。

国学大师王国维在《人间词话》中写道：“诗人对宇宙人生，须入乎其内，又须出乎其外。入乎其内，故能写之。出乎其外，故能观之。入乎其内，故有生气。出乎其外，故有高致。”这实际上也是说明认知过程中主客体关系需要不断调整，才能真正把握客观对象。从这个意义上来看，越是阅历甚广，越是经验丰富，就越要注意摆脱认知主体的“自我中心化”，防止用老眼光看新事物。特别是形成某种偏见之后，就更要注意调整。建构主义理论指出了同化与顺应两种途径，一个人在认知中如果只有同化而无顺应，有可能已经离主观主义不远了。

四、延伸阅读

1. 张隆溪. 二十世纪西方文论述评. 北京：三联书店，1986

2. ［瑞士］皮亚杰. 发生认识论原理. 北京：商务印书馆，1985

---

① 铁血社区. “最有范儿”乞丐犀利哥受到网友追捧. http：//bbs. tiexue. net/post2_4108023_1. html

18. 世界在进化，进化怕异化——

异化（Alienation）

异化

有人担心，人类制造出的“电脑”，将来总有一天会超过人脑，到了这一天，人就完全有可能为电脑所奴役。历史上也出现过这种情况：大众投票选出的领袖，可能反过来压迫大众，如此等等。

一、异化概述

异化主要是哲学和社会学领域的概念，是指主体在其发展的一定阶段，从其自身分裂出它的对立面，变成外在的异己力量。自我外化为非我，从而使原来与自我同一的东西变成异己的东西。异化是人们感到与自己的环境、工作、产品或自我本身处于分离与疏远的一种心态。在别的情况下，异化像失范一样，指无能为力、无意义、不正常、社会孤立、文化隔离或自我疏远的感觉。①

“异化”一词被称为“语言中最难解的名词之一”。它源自拉丁文alienatio，有疏远、转让、脱离等意思。历代的哲学家从当时的历史条件出发，阐述了对异化的不同观点。较早使用“异化”概念的是社会契约论的理论家们，如霍布斯和卢梭。在他们的著作中，“异化”概念在“转让”、“出让”的意义上被使用，异化就是指权力的转让。卢梭在《爱弥儿》中指出，文明使人腐败，背离自然使人堕落，人变成了自己制造物的奴隶。从而在人与社会、人与自然两重关系上，深化了异化概念的内涵。卢梭在异化思想上的推进，成为向德国古典哲学异化理论过渡的桥梁。“异化”在德国古典哲学中被提升到哲学的高度，从而进一步扩展和加深了它的含义。“异化”作为一个哲学基本概念，其基本含义是由费希特提出来的。在费希特哲学中，“自我”与“非我”的关系就是异化和异化扬弃的关系。用“外化”这个概念揭示了异化的重要含义。费尔巴哈则从人本主义出发，认为异化是抽象的人的本质的异化。黑格尔从绝对理念出发，认为异化就是绝对理念外化为自然界和客观对象，在他的著作中把异化视为“绝对理念”自我认识过程中的一定发展阶段，认为自然界和社会的各种具体形态是“绝对理念”异化的存在形态。在他看来，国家与法是“绝对理念”在社会生活中的异化表现，属于“绝对理念”的客观精神环节。国家和法的异化是在“自我意识”范围内的异化。费尔巴哈认为黑格尔所说的普遍存在于一切领域中的精神异化不过是上帝创世说的哲学变种，是精巧的神学。与黑格尔相反，费尔巴哈把一切都归结为自然界，他认为不是上帝创造了世界，而是人的本质异化为上帝。要从宗教中解放出来，就要把

---

① 简明不列颠百科全书（上）. 北京：中国大百科全书出版社，1985. 1891

人的本质归还给人，这就是他的人本主义异化观。①

二、异化理论的运用与发展

将异化的概念进行系统阐释并与普通民众的现实生活紧密结合起来的人是马克思，他在对宗教、金钱、国家、家庭、法律的观点中普遍使用了这个名词的第一个含义（让与、外化）；而在他早期对劳动异化以及对自我、别人、自然的异化所作的讨论中，则使用了该词的第二个含义（疏远）。② 马克思扬弃了黑格尔的思辨异化观和费尔巴哈的人本主义异化观，创立了异化劳动理论，并指出：异化是人的生产及其产品反过来统治人的一种社会现象。其产生的主要根源是私有制，最终根源是社会分工固定化。在异化中，人丧失能动性，人的个性不能全面发展，只能片面甚至畸形发展。这种异化在资本主义社会中达到最严重的程度，必将随着私有制和阶级的消亡以及僵化的社会分工的最终消灭而被克服。马克思在《1844年经济学哲学手稿》中，站在劳动、生产实践这个历史和现实的基点上，对异化劳动和人的异化进行了深入的探讨。在马克思看来，所谓异化，是指在一定条件下，把自己的素质或力量转化为跟自己对立、支配自己的素质或力量，用以表达主体向客体转化的关系。马克思特别对劳动异化作了更深入的分析与阐述，他认为劳动产品的异化属于“物的异化”，它只是异化的外在表现形式，而劳动活动本身的异化和人类本质的异化则属于人的“自我异化”，是异化的深层规定性和实质，也才是异化的核心内容。这导致了资本主义条件下人的片面性发展，人失去了人之为人的本质属性，完全作为附属物存在，从而成为拜物教的理论起源。

法兰克福批判学派的代表人物马尔库塞进一步发展了这一理论。他认为，异化改变了马克思所谓的对肉体的奴役形式，转换为对心灵和灵魂的奴役。这种改变对工人是一种麻醉。在马尔库塞看来，决定生产力的不再是别的产品，而是机器；这种关系不是工人同其他阶级的关系的问题，而

---

① 张述周．论马克思主义法学思想的历史轨迹．河南师范大学学报（哲学社会科学版），2007（6）

② ［美］福伊尔利希特．关于异化和反对与赞成使用异化一词的意见．国外社会科学文摘，1983（7）

是技术进步同发展工业的根本制度相适应的问题。在这个适应中，人同机器浑然一体，感受不到奴役之苦，反抗情绪也就少了。① 因此，现代社会中人类面临的一种根本处境就是“人的异化”。使人类产生异化的原因有很多，马克思主要从人类物质还处于贫乏阶段、生产力发展不足、劳动还只是一种必须的谋生手段的情况下的劳动异化入手，寻找人类生存异化的社会根源，提出通过社会革命改变生产方式，来克服人的异化，达到人类的自由和解放。马尔库塞主要立足于发达资本主义工业社会，在生产力高度发展、物质成品非常丰富的条件下，从人们的需要角度出发，发现了资本主义社会在技术理性的控制下，人们仅满足于物质性的虚假需求，成了只知道肯定现实、维护现实，没有批判和超越维度的单向度的人，社会也成了压抑人的爱欲的极权主义社会。马尔库塞主张通过总体革命的形式来改变现行的社会制度，当革命失败之后，又寄托于艺术和审美这种方式，由于他的理论脱离现实的可行性，最终不免陷入乌托邦的命运。② 马尔库塞指出：身处当代发达工业社会的人的确丧失了“自我”，人发生了异化现象。马尔库塞把它描述成是单向度的，“单向度人”（或称单面人）（one dimensional man）的提出是马尔库塞的一个重大理论贡献，该思想理论集中体现在他的《单向度的人》一书中。他认为：现代工业社会的技术进步给人提供的自由条件越多，给人的种种强制也就越多，这种社会造就了只有物质生活、没有精神生活、没有创造性和否定性的麻木不仁的“单向度人”③。

从马克思提出异化劳动理论到20世纪80年代，在西方学者中间，异化问题已从经济、政治领域扩展到道德、心理、病理科学、技术、文艺等整个文化思想领域，出现了各种各样的学说，但它们归根结底都受其哲学观点的制约。例如，尼采从唯意志论出发，把人的异化归结为放弃生存的意志。存在主义者从唯我主义出发，把异化及其克服归结为人的自我选择。新弗洛伊德主义者 E. 弗罗姆，从感觉论的主观唯心主义出发，把异

---

① 富士康现象：劳动者异化的样本．南方都市报，2010－05－23

② 魏红娟．劳动异化与消费异化——马克思与马尔库塞关于人的异化理论比较．哈尔滨学院学报，2010（4）

③ ［德］赫伯特·马尔库塞．单向度的人——发达工业社会意识形态研究．上海：上海译文出版社，2008. 3

化说成是人的一种体验方式。

三、异化理论的启示

异化现象在社会生活中的表现比比皆是。历代思想家都高度重视对这一现象的研究，异化理论凝聚了他们的睿智与灼见。它给我们的启示是多方面的。

我们首先要思考的，是进化与异化的关系。从词性上说，进化具有褒义性质，异化具有贬义性质。但我们在对异化现象仔细考察时发现，进化与异化两者竟常常相伴而生。马克思早在《1844 年经济学哲学手稿》中就提出了“物的异化”与人的“自我异化”的命题。马克思指出：在对象化的劳动中，劳动结果表现为对人的本质力量的积极确证；而在异化劳动中，劳动结果表现为对人的本质力量的否定和消解。卢卡奇的“物化理论”则更深入地剖析了发达工业社会中人的异化与物化。他将物化同近现代社会的理性化进程结合起来，从理性特别是技术理性对人的主体性发展的负面效应的视角揭示现代社会的物化现象，并且深刻地指出这种“物化”正在内化，从而成为“物化意识”。这是对异化更深层的揭示。法兰克福学派更是认为，一切束缚人和统治人的异化力量或物化力量都是他们批判的对象：“我们自己创造出的物和环境在多大程度上变成了我们的主人，这是马克思所未能预见的；可是没有什么比下述事实更加突出地证明了他的预见，在今天全人类都成为他自己创造出的政治制度的囚犯，心惊胆跳的人类正焦急地盼望知道是否能从自己所创造的物的力量中被拯救出来……”①

当计算机技术还没有达到今天这样的水平时就有人担心，人类制造出的“电脑”，将来有一天会超过人脑，到了这一天，人就完全有可能为电脑所奴役。历史上也出现过这种情况：大众投票选出的领袖，可能反过来压迫大众，如此等等。人同自己的劳动产品、自己的生命活动、自己的类本质相异化最终都会导致人同人的异化。

进化必定伴随着异化吗？从物质层面来看，工业文明飞速发展，科学技术水平突飞猛进，然而人们在高科技面前越发显得惶惑，对工业文明的

---

① 西方学者论《1844 年经济学哲学手稿》. 上海：复旦大学出版社，1983. 67～68

恶果手足无措：核武器的研发使人类焦灼不安，人们对转基因食品犹豫不决、对克隆人技术争论激烈，过度采集地下水引起地表下沉，木材需求量巨大使得森林被过度砍伐，远洋技术导致过度捕捞使得海洋资源日趋匮乏，工业废水废气污染了空气和水资源，臭氧层出现空洞，海平面逐年上升……人类在享受工业文明成果时，也为自己酿造了苦果。从精神层面来看，现代社会人与人之间相互猜忌提防，邻里之间互不来往，家家防盗门紧锁，同事之间明争暗斗，就像萨特所说“他人就是地狱”。人沦为金钱的奴隶，丧失了自己的本性，没有半点高尚的追求，名利成了衡量成功的唯一标准。种种现象使我们不得不承认道德沦丧、道德滑坡说法不无根据。马尔库塞所言“单向度的人”在21世纪的现实生活中比比皆是，非人的、冷硬的环境和工作就这样窒息和扭曲着人性，这就是“异化”。当今中国如富士康员工般超负荷工作的工人们，除了做一个恪尽职守的“螺丝钉”，所有有关人性的率性、逸乐乃至创造已被挤逼得无从生长和展开。异化的本意是自身的丧失。诗人席勒认为，永远被束缚在整体的个别小部件上的人，本身也变成了部件。马克思则认为异化是深刻的社会关系，其实质在于人所创造的整个世界都变成了异己的、与人对立的东西。

如果承认第一点的存在，那么我们要进一步思考第二点：异化现象能否消除？如何消除？对此，我们不妨结合新闻的异化来思考。我们知道，新闻的产生源于社会的需要。我们需要新闻为我们提供耳目所不及的事实信息。新闻扩大了我们的知情面，它对我们的生存环境起到了很好的监视作用。但是，当新闻行业成为一种产业后，新闻的这一基本功能开始走向异化。一个最基本的变化就是：新闻的需求逐渐由受众需要，变成了媒体记者的第一需要。没有新闻，媒体就没有生存下去的理由。进一步发展，新闻业为吸引读者，不惜以种种手法创造出“新闻”来。这样，人们所创造的新闻业反过来奴役人本身，不仅让人们得不到真正有价值的事实信息，而且还让虚假无聊的信息充斥了人们获取有价值的事实信息的渠道。以美国传媒为例。早期的大众报纸主要依赖非新闻的手法竞争市场。例如在19世纪90年代美国报纸的黄色新闻之战中，媒体不是以实事求是的态度去报道事实，而是用煽情化的手法来吸引读者的阅读兴趣。试看赫斯特的《新闻报》中黄色新闻的做法：

当时典型的标题是这样的："货真价实的美国巨兽和大龙"，这是一条考古队发现化石遗骸的新闻的标题；"请看新奇的施药法：将药瓶靠近昏迷的病人，即奏奇效"这样的标题使医药工作者极为反感；亨利·詹姆斯描写不道德与犯罪行为的新作；大作家令人惊讶地投身于煽情小说。还有一些标题，如"杀死小贝西的神秘凶手"、"狂风使儿童丧命"、"是什么使他们偷窃？埃得加·萨尔特斯关于纽约生活的写真"、"凶手投案，请求处以绞刑——触目惊心的供词"。安妮·劳里所写的题材有"年轻姑娘为何寻短见"和"为了爱，女人怪事也做"等。①

类似这样的黄色新闻，标题做足噱头，题材亦无多大意义可言，新闻诉诸的大都只是人的惊奇、恐惧、窥私欲等本能情感。新闻业已不是在忠实地为受众提供事实信息的行业，新闻变成了作者捞钱的产品、读者打发无聊的读物。迈克尔·埃默里等在《美国新闻史》中批评说："黄色新闻从最坏处说，是一种没有灵魂的新式新闻思潮。黄色新闻记者在标榜关心'人民'的同时，却用骇人听闻、华而不实、刺激人心和满不在乎的那种新闻阻塞普通人所依赖的新闻渠道，把人生的重大问题变成了廉价的闹剧，把新闻变成最适合报童大声叫卖的东西。最糟糕的是，黄色新闻不仅起不到有效的领导作用，反而为犯罪、性和暴力开脱。"尽管这样的批评不绝如缕，但是黄色新闻所开拓的题材和写作方法，事实上仍然影响着当今的新闻传播活动。

新闻的异化还表现在，媒体的职责已由监视环境安全而报道突发事件，变成为了得到突发事件而渴望天下大乱。一位去某都市报实习的学生初到媒体，其总监即告之："关注民生，奇闻趣事，突发事故，最好是车祸、闹市打架、跳楼、跳桥、火灾等。"学生感慨："别人会不会觉得我们的实习好危险，我们的思想很坏呢？我今天才体验到'记者唯恐天下不乱'这句话原来是真理。大家在骂我们没良心的同时，顺便帮我们祈祷下，保佑工作平安。"在这种观念支配下，西方媒体的新闻报道中，性、暴力、绯闻等内容自然占据着非常重要的地位。正如一位西方新闻学者所指出的："'流血就是头条'，在地方新闻中已经成了行规，因为犯罪事件

---

① ［美］迈克尔·埃默里等. 美国新闻史. 北京：新华出版社，2001. 230

富有戏剧性，能够吸引人们的注意力。”滚石媒体观测公司，是科罗拉多州的媒体监测组织，他们在研究了一个晚上的52个城市的102条新闻之后，在1998年3月发布报告说，“许多犯罪新闻对观众的情绪产生了影响，这些情绪包括恐惧、痛恨或者兴奋等。这种情绪使新闻机构和广告商深深受益。按照预测，每天都有犯罪事件发生，报道犯罪事件就成了每天的内容之一，这对新闻机构来说是一种偷懒的习惯”①。

由新闻的异化可见，异化只是进化过程中的一种放任与泛滥，并不构成一枚硬币的两面。也就是说，异化是可以克服、可以治理的。我们知道，工业污染也是一种异化，人类社会的发展产生了工业，同时带来了污染。但人们一旦发现了污染这一异化现象，就在不断寻求克服的办法。但是，克服异化是要付出代价的，就像治理污染要有所花费一样。某一事物的异化若泛滥下去，将导致该事物的灭亡。就像民选领袖反过来压迫百姓时，百姓有可能将之推翻。所谓水可载舟亦可覆舟。还是以新闻业为例，如果整个新闻业都用骇人听闻、华而不实的虚假新闻充斥受众的耳目，那么它的末日也就到来了。人们完全会将它抛弃。

进化的放任与泛滥会导致异化。这一点给我们的启示是，事物的发展与进化一定要有序、有节制。异化虽然不是进化这枚硬币的另一面，但稍不留神就会伴随进化而来。当一条河流中的水量合适时，它带给人们的是利益；当其水量猛增时，灾难就诞生了。

四、延伸阅读

1. ［德］马尔库塞. 单向度的人. 重庆：重庆出版社，1988

2. ［德］哈贝马斯. 作为“意识形态”的技术与科学. 上海：学林出版社，1999

（与侯迎忠合写）

---

① ［美］伦纳德·小唐尼等. 美国人和他们的新闻. 北京：中信出版社，2003. 210

19. 神奇的怪圈，二难的推理——

悖论（Paradox）

悖论

如果理发师不给自己理发，他就属于招牌上的那一类人。那么照此他就应该给自己理发。反之，如果这个理发师给他自己理发，根据招牌所言，他只给村中不给自己理发的人理发，他不能给自己理发。

一、悖论概述

著名语言学家维特根施坦说过："在语言中表达的东西，我们不能用语言表达出来。"这真是一个奇怪的命题。但类似的说法不少。大文豪歌德也说过："事物之真质殊性非笔舌能传。"中国的先哲也有这样的表述，老子说："道可道，非常道。"庄子《秋水》说："可以言论者，物之粗也；可以意致者，物之精也。"如此等等，说的都是语言之窘，它难以表达思想之精华。

如果我们接受这些观点，细想之余又会发现问题：既然语言难以表达思想之精华，那么，上述诸君所言算不算思想之精华？如果是，则语言是表达不出来的；然而现在语言表达出来了，这些就不能算是思想之精华了。也就是说，他们说的这些就不那么正确了。

这一奇怪的现象，就是悖论。

悖论是指一种导致矛盾的命题，自相矛盾的说法。即如果承认这个说法正确，就能推出这个说法不正确。如肯定它真，就推出它假；如肯定它假，就推出它真。显然这是自相矛盾的命题。

古今中外有不少著名的悖论。下面介绍三种，有助于加强我们对这一概念的感性认识。

谎言者悖论：公元前 6 世纪，克利特人哲学家艾皮米尼地斯（Epimenides）说："所有的克利特人都说谎，他们中间的一个诗人这么说。"人们会问：艾皮米尼地斯有没有说谎？对这个悖论作一推论："所有克利特人都说谎"，那么他就在说谎；如果他在说谎，那么"所有克利特人都说谎"就是一个谎。矛盾不可避免。

理发师悖论：在萨维尔村，理发师挂出一块招牌："我只给村里所有那些不给自己理发的人理发。"有人问他："你给不给自己理发？"理发师顿时无言以对。这一推理是：如果理发师不给自己理发，他就属于招牌上的那一类人。那么照此，他就应该给自己理发。反之，如果这个理发师给他自己理发，根据招牌所言，他只给村中不给自己理发的人理发，他不能给自己理发。因此，无论这个理发师怎么回答，都不能排除内在的矛盾。这个悖论是罗素在 1902 年提出来的，所以又叫"罗素悖论"。

苏格拉底悖论：苏格拉底是古希腊的大哲学家。他有一句名言："我只知道一件事，那就是什么都不知道。”这也是一个悖论，我们无法从这句话中推论出苏格拉底是否知道这件事。

二、悖论的应用

悖论让人陷于矛盾之中，但它呈现出的迷幻般的思辨色彩令人着迷。哲学家罗素曾经认真地思考过谎言者悖论，并试图找到解决的办法。他在《我的哲学的发展》第七章《数学原理》里说道：“自亚里士多德以来，无论哪一个学派的逻辑学家，从他们所公认的前提中似乎都可以推出一些矛盾来。这表明有些东西是有毛病的，但是指不出纠正的方法是什么。在1903 年的春季，其中一种矛盾的发现把我正在享受的那种逻辑蜜月打断了。”虽然难解其中之妙，但并不影响人们将它应用在实践中。

最为典型的应用当推“二难推理”论证。

所谓二难推理，是由两个假言前提和一个选言前提所构成的推理。其构成公式为：如果 p，则 r；如果 q，则 r；p 或 q，总之 r。二难推理据说源于古希腊“半费之讼”的故事。有一位青年拜当时著名的辩者普诺塔哥拉斯为师学习法律。两人就学费付给事宜达成协议如下：毕业时该学生付一半学费，另一半学费待该青年第一次出庭打赢官司时付清，若打败则不需付。但毕业后此君一直不出庭打官司，也不肯给付另一半学费。普氏不耐烦就将其告上法庭。在法庭辩论时学生提出一个二难推理：如果我这场官司胜诉，按照法庭判决，我不用付另一半学费；如果我这场官司败诉了，那么按照协议，我也无需付另一半学费；总之，无论这场官司输或赢，我都无需付另一半学费。普氏没想到学生如此赖账，情急之下，以其人之道还治其人之身，马上提出一个反二难推理：如果学生这次官司胜诉，那么按照协议约定，他必须付清余下一半学费；如果学生这次官司败诉了，那么按照法庭判决，他必须付清另一半学费；总之，无论这位学生这场官司输或赢，他也应付清欠我的一半学费。

史上有不少关于巧用二难推理致胜的故事。据记载，汉武帝整日幻想长生不老，派人四出寻找不死的秘方。一天，有个方士给他献上一坛酒，说是用仙草配制，喝后会长生不死。汉武帝听后非常高兴，赏方士以重金，并命人把酒收藏在宫内。东方朔明知汉武帝受骗，但汉武帝本人深信不疑。东方朔辗转反侧，生出一计，将“仙酒”偷去喝个精光。汉武帝大怒，要杀东方朔。东方朔从容辩解说：“陛下，你不能杀我。这酒如果真能使人不死，那么，你杀我不死的；如果你真的能把我杀死，那么，这酒又有什么灵验呢?”汉武帝无话可答，只得赦免了东方朔。东方朔在这里就巧用了二难推理：如果这酒是长生不死之酒，那么，你杀不死我；如果这酒不是长生不死之酒，那么你杀死我，恰就证明酒是假的，我是对的，因而你就是错误的。

二难推理使人处于进退维谷、左右为难的境地，所以，经常用来揭露和驳斥谬误。中世纪宗教神学横行时，一些唯物主义者为了驳斥“上帝是万能”的论点时，曾巧妙地向神学家提出一个问题：“上帝能不能创造一块连他自己都举不起的石头?”如果上帝创造出了一块连他自己都举不起来的石头，那么上帝就不是万能的，因为有一块石头他举不起来。如果上帝不能创造出了一块连他自己都举不起来的石头，那么上帝也不是万能的，因为有一块石头他创造不出来。所以无论上帝是否能创造出这么一块石头，他都不是万能的。

三、悖论的启示

悖论是一种认识矛盾，它既包括逻辑矛盾、语义矛盾，也包括思想方法上的矛盾。解决悖论难题需要创造性的思考，悖论的解决又往往可以给人带来全新的启示。

悖论反映出线性思维方式的特征。线性思维是指思维沿着一定的线型或类线型的轨迹寻求问题的解决方案的一种思维方法。线性思维在一定意义上来说属于静态思维。与其相对的是非线性思维，非线性思维包括了系统思维、模糊思维等。其实世界存在许多是非变幻、非线性的真实，需要用非线性思维才能获解；用线性思维处理，很容易得出二难命题。一个三维的球体和一个三维圆柱体，投影在一个二维平面上，球体与柱体都显示出同样的圆，用二维的逻辑去判定，就难以准确认识其本质。

这就启发我们，我们既要学会用线性思维去认识和理解世界，也要学会用非线性思维去认识和理解世界。当我们陷入悖论之怪圈时，特别要学会跳出圈外思考问题；当我们遇到二难推理时，我们也要学会避开两难的选择。有一个故事：古时一老渔翁出海打鱼，辛苦一天终于捕到了一条非常美丽的金鱼。它不仅金光闪闪，而且在水中会发出悦耳的“叮咚”声。

20. 诗歌为什么没有准确的解释——

接受美学（Receptional Aesthetics）

接受美学

“超级女声”因为观众和节目互动产生了扩散效应，总是处于被动接受的收视惯性被打破了，“超女”的出现激起了观众审美的新鲜感。接受美学认为，艺术创造应该把观众的接受状态也包括在内。

一、接受美学概述

接受美学是20世纪60年代中后期出现的一种文艺美学思潮。

接受美学的理论认为，作家完成的作品，如果没有读者的阅读理解，那就不是一个完整的作品，只能称之为“文本”（text）。“文本”是作者与读者之间的中介，需读者主动参与才能获得意义。不同时代、地域的读者在阅读过程中，会将各自人生经历、阅读视角所获得的体验、认识填充在对文本的理解中。换言之，在读者的阅读过程中，丰富、扩充了作品的内容与意义，因此，读者参与了对作品的创造。

接受美学理论中还有一个非常重要的概念——期待视野。它“主要指读者在阅读理解之前对作品显现方式的定向性期待，这种期待有一个相对确定的界域，此界域圈定了理解之可能的限度。”① 姚斯认为，当读者对作品的感受和自己的期待视野一致时，读者会因作品毫无新意而失去阅读的兴趣，如果读者对作品的感受超出读者的期待视野时，读者往往感到非常兴奋，认为自己的审美水平得到了提高，从而确立新的审美标准。所以，一部作品的审美意蕴在何种程度上超出读者的期待视野往往影响着作品的成败。

二、接受美学的应用

接受美学作为文学鉴赏领域中的一种新的方法论，近年来在西方的文学研究中得到了广泛的运用。不少学者运用接受美学的观点和方法，对某些作家和作品的接受史、作用史作了专门的研究；一些人研究了文学形式、流派、风格和表现手段演变的历史，试图通过对“文学进化”过程的分析来揭示文学内部“新陈代谢”的规律；一些研究者分析了文学题材、主题和人物形象在各历史时期的文学中的再现，研究了它们在含义上的变化以及不同时代的文学如何“改造”它们，赋予它们新的时代内容和意义。

接受美学作为一种方法论，也给教学工作带来新的变革。传统的教学法把学生看作被动的接受者，采用的大多是灌输式方法，而新的教学法把

① 朱立元．当代西方文艺理论．上海：华东师范大学出版社，1997. 289

学生看成能动的读者，具有一定的创造力，教学的任务是最大限度地鼓励、启发他们进行创造性思考，培养他们独立分析问题的能力。

接受美学对现实的影响还远远不止如此。竞争激烈的传媒、广告等产业都日益重视接受美学，并将其精髓运用到经营实践当中。比如，几年前国内综艺性娱乐节目萎靡不振，湖南卫视推出“超级女声”是想提升娱乐节目的人气。作为一档定位于平民的节目，“超女”更重视观众的参与，并把它作为节目制作的重要内容，这是符合“接受美学”理论的。“超级女声”并没有什么“超级”创意。一个不算超级的节目赢得了观众超级的待遇，这是因为观众和节目互动产生了扩散效应，总是处于被动接受的收视惯性被打破了，在长期的审美疲劳之下，“超女”的出现激起了观众审美的新鲜感。接受美学认为，艺术创造应该把观众的接受状态也包括在内。

三、接受美学的启示

接受美学作为一种接受理论有着丰富的内涵。在此，我们简要谈谈它对文艺观及其他社会科学理论研究的启示意义和借鉴价值。

1. 审美活动中主客体的关系

接受美学作为一种新兴的文艺理论，对传统的文艺观念，特别是历史客观主义和本体论的文艺观提出了全面的挑战，进行了系统的驳难。它所提出的许多问题、所代表的许多看法是过去的文艺理论和美学所未曾注意到或没有深入探讨过的，这些看法包含了大量合理的成分，而这又集中体现在它如何对待审美活动中主客体关系的立场上。

如何看待与处理主体和客体的关系？这一争论已持续了两千多年之久，最早可以追溯到古代希腊亚里士多德与柏拉图之间的辩论。进入20世纪后，关于这个问题的论战仍在继续，不同理论思潮之间的分歧依然十分深刻。

毫无疑问，接受美学是将接受过程中主体的作用放大式地强化了。“走向读者”，是接受美学理论的精神内核之一，是美学研究重点的一个根本性转移，也是方法论的重大变革。阅读接受是作家作品与读者之间的双向互动的动态流程，文学作品的价值不仅在作品本身，还包括读者在阅读接受过程中对它的增补、丰富、创造与创新。为什么会出现“说不尽的阿

Q”这一现象？这是因为有着读者的创造与创新在其中。也就是说，文学作品的价值和意义并不是永恒不变的，不同时代的读者根据自己不同的需求去理解作品，从而丰富了作品的内容与意义。

“期待视野”揭示了读者在阅读过程中的主观能动性。一首诗之所以为诗，在于读者把它当成诗来读。在读者的期待视野中，他所面临的对象就是诗，就会以诗的方式去理解。接受美学的学者们做了这样一个试验，他们将一段新闻报道按诗的形式分行：

> 昨天在七号公路上/一辆汽车/时速为一百公里时猛撞/在一棵法国梧桐上/车上四人全部/死亡①

读者就会按阅读诗的态度去对待它。可见接受者在阅读过程中的创造性作用。这样的例子我们还可以举中国古代的一则文献记载。据《韩非子·外储说左上》载：

> 郢人有遗燕相国书者，夜书，火不明，因谓持烛者曰：“举烛。”而误书“举烛”。“举烛”非书意也。燕相国受书而说之，曰：“举烛者，尚明也；尚明也者，举贤而任之。”燕相白王，王大悦，国以治。治则治矣，非书意也。

这是接受过程中典型的误读。为何出现这样的情况？只能说完全是接受者的“期待视野”在作怪了。

我们从这些极端的例子可以看出，接受过程中主体的作用的确不可小觑。但过于放大这一作用，又可能陷入不可知的困境，取消了审美对象的质的规定性。

在审美活动中，主体和客体都起着十分重要、然而又完全不同的作用。用人们习惯了的说法，两者的关系是一种辩证统一的关系。艺术作品作为审美活动的客体，为接受意识提供了对象和材料，审美接受必须以作品为原型和基础，这是任何人都无法否认的。任何接受者都不能脱离作品

① ［法］耶奈特. 形象论二集. 巴黎，1969. 150~151

进行纯主观的想象和体验，否则，他所从事的就不是某一件艺术作品的审美接受，而成了与艺术作品无关的主观创造了。接受理论家曼弗雷德·瑙曼的一段话对此作了精辟的论述："接受意味着，观赏者作为主体占有了作品，并按照自己的需要改造了它，通过释放作品蕴涵的潜能，使这种潜能为自身服务，通过实现作品的可能性扩大了自身的可能性。但是，作品在被接受、被改造的同时，也在占有并改造接受者，使其陶醉于自己的魅力，屈服于自己的影响。从前者看来，观赏者是作用者而作品是被作用者，但从后者看来，作品又成了作用者而读者成了被作用者。接受活动是使这两种对立的规定性统一起来的过程。"①

2. 接受美学与传播学中受众研究相互支撑

可以说，接受美学与传播学领域中关于受众地位的研究是相互呼应的。在传播学研究中，一些传播学家将接受者视为中弹即倒的"靶子"。但一批学者看到这一见解的不可靠性。哈佛大学的心理学家雷蒙德·鲍尔（Raymond Bauer）于1964年发表的《固执的受众》可以说是向"魔弹论"宣战的一篇檄文，施拉姆这样评价："到30年代末，各种书籍中的研究足以表明，所谓枪弹不可抗拒的看法是没有根据的，而雷蒙德·鲍尔在1964年发表的题为《固执的受众》一文，则为魔弹论唱了最后的挽歌。"这篇文章证明了几十年前已经得出的结论："民众并不是射击场上的靶子；当他们受到宣传弹的袭击时并不是随之而倒。他们能排斥枪弹，或是抵抗它们，或是对之另作解释，或是把它们用于自己的目的，受众是固执的，他们拒绝倒下，而且传播的讯息也并不像枪弹，它们并不是射向接受者，而是放置在接受者可以爱怎么处理就怎么处理的地方。"

也就是说，受众才是传播过程中起决定作用的方面。传播研究应该从受众的角度出发，应该着重探讨受众对信息的处理，以及对整个传播过程的决定性作用。鲍尔的《固执的受众》认为受众坐怀不乱，明察秋毫，始终居于中心地位。因为受众有坚固的根据地，"兵来将挡，水来土掩"，可以把媒介的所发之力、冲锋之势化解得无形。

---

① ［德］姚斯. 文学史作为文学科学的挑战. 见［德］瓦尔宁. 接受美学. 慕尼黑：威廉·芬克出版社，1975. 125

李普曼（Walter Lippmann）认为，受众的阵地之所以如此壁垒森严，乃是因为他们存在着“固定的成见”，而“固定的成见”是很具有防护作用的[①]：

当我们探索一种较无兴趣的形象时，为什么总是抓住我们固定的成见不放呢？除了省力以外，还有另一种原因。固定的成见的体系可能是我们个人传统的核心，是我们社会地位的防护。

这种固定的成见的体系是有条理的、或多或少是始终如一的对世界的想象，我们的习惯、情趣、智能、安慰以及我们的希望都根据它来进行调节。它们可能不是完整的世界形象，但它们是可能适应的世界形象。在那个世界中，人和物都有其熟悉的地位，并做着某些可想见的事。我们在其中不会感到很不自在，我们很适应，我们是其中的成员，我们熟悉情况。在那里，我们发现熟悉的、正常的和可靠的魅力；我们惯常地找到它们适当的位置和状态。虽然在我们受它影响以前，我们曾回避它对我们的诱惑，但一旦我们牢固地产生了成见，就很难解脱它。

正因为受众是“顽固的”，那么大众传播媒介所发出的信息就难以保证按传播者事先预料的那样不折不扣地被接受。对于心中预设了防护网的“顽固”的受众来说，他们不想被动地为媒体所左右，他们要主动地去发现信息。人们出于自己的经验和各种需要，总是选择那些与自己的“胃口”投合的信息而对其他的与己无关的或不符合自己的价值取向和利益关系的信息不屑一顾。但在很长时间内，传播界对受众的“定位”并不十分准确，较多地认为他们是供传播者鼓动、教育的被动受信体。传媒常从传播者立场上单方面要求受众在新闻传播中应持的态度，从而造成受众对新闻传播或传媒的一些“逆反”心理。实践证明，对受众心理了解和研究越深入，就越能使新闻写作贴近实际、贴近生活、贴近群众，越能收到良好的社会效果。

---

① ［美］沃尔特·李普曼．舆论学．中国人民大学新闻系内部资料，1984．72

四、延伸阅读

1. 朱立元. 接受美学导论. 合肥：安徽教育出版社，2004

2. ［德］H. R. 姚斯，［美］R. C. 霍拉勃. 接受美学与接受理论. 沈阳：辽宁人民出版社，1987

（与郭子辉合写）

21. 符号化的世界，符号中的世界——

编码/解码（Encoding / Decoding）

解码
编码

编码要符合约定俗成。重庆一家旅游饭店，将公共厕所标为“洒脱间”，男厕为洒间，女厕为脱间。虽贴切有趣，但此编码不为大众所理解，故用厕者站在公共厕所前迟疑不知进哪间好。

一、编码／解码概述

人类使用密码的历史，最早可以追溯到古巴比伦人的泥板文字。古埃及人、古罗马人、古阿拉伯人……几乎世界历史上所有文明都使用过密码。编制密码最初的目的就是为了加密信息，不知道密码标准的人很难识别经过加密的内容。不过，编码、解码的概念首次以文稿形式出现的年代却并不久远。1973 年 9 月，文化与传播研究学者斯图亚特·霍尔提交了一篇名为《电视话语的编码和解码》的大会发言稿，由于其迥异于实证主义传播模式，标新立异，发言稿在会议上引起巨大反响。

所谓编码，就是传播者将信源按一定的规则组合成符码。所谓解码，则指接受者按一定规则解读符码携带的意义。

编码、解码中的"码"即符码，是霍尔编码、解码理论的基础，也是理解其思想的前提。需要指出的是，符码与符号是两个完全不同的概念，但两者又有密切的联系。什么是符号？符号就是负载或传递信息的元素，表现为有意义的代码及代码系统，如声音、图形、姿态、表情等。卡西尔说过，人类区别于动物，在于前者可以创造并运用符号来传播交流，人生活在被符号包围着的世界里。例如：走在大街上，当你要穿过十字路口时，对面如果显示红灯，则示意你得等待，绿灯亮了，表示你可以横过马路了；在公共场所，可以见到画着一支点燃的香烟上涂了一斜杠，这是禁止吸烟的标志；走到商店，你想购物，掏出钞票或电子卡来，钱或卡就是代表你财力的符号；到了一个陌生的城市，你不识路，买上一张城市交通图，按图索骥，你就可以找到你想去的地方……

符号组合起来成为符号群，这种按一定规则组合起来的特定形式的符号群，称为"符码"。如果说符号是语言、文字、画面等的表现形式；那么符码就是表达这些形式的规则，它是包含在符号系统中的，可以是语法规则、文化规则、意识形态规则，甚至是政治的、经济的规则。符号必须是被社会认同的，是一定社会内部通用的表现形式；而符码可以是个人的，是个体或者某个团体对符号的认知、解读系统。

18 世纪的英国小说家斯威夫特（Jonathan Swift）在著名小说《格列佛游记》中写道，巴尔尼巴比有三个饱学之士，他们研究如何改进本国语言，提出取消语言中所有的词汇。他们认为每当一个人说出一个字来，多多少少都会使人的肺部受到影响，从而缩短人的寿命，因此，这种改革首先是有益于健康的；同时，对于更加精炼地表达思想，将会有很大的好处。这些学者认为，既然语词只是事物的名称，那么，在谈论某一件事情的时候，把所要表达意义的东西都带在身边，岂不更加直接，更加简练，更加方便吗？换言之，这三位学者提倡人类交流时不借助符号，直接用符号所指之物。学者们亲自实践了这种改革。结果如何呢？小说中写道：

我常常看到两位学者被背上的重荷压得要倒下去，像我们的小贩一样。他们在街头相遇的时候，就会放下负担，打开背包，整整“谈”上一个钟头。谈完了“话”以后，才把“谈话”的工具收起，彼此帮忙把负荷背上，然后才分手道别。

这种寓言式的场景，只会出现在小说家的笔下，现实生活中是绝对行不通的。

我们生活在一个符码构建的社会，所有的社会互动，都必须依靠特定的符码才能进行。

二、编码/解码的应用

按照符号学的观点，我们在现实中的生存是一种符号化生存，人们总是通过种种符号来表情达意，认识世界，摄入现实。传播的过程就是符号互动，是对信息或意义交替往复地进行编码和解码的过程。

生活中编码、解码的过程无处不在。“执手相看泪眼，竟无语凝咽。”此时“眉目”替代语言，编码“传情”，而执手相看的情人自然能理解“泪眼”传递的信息而加以解码和领会。

不光是眼睛，我们的身体每一瞬间都在同外部世界“讲话”。类似耸肩、摇头、拍打、拥抱、接吻、握手等动作，都包含着非常明显的意义。面部表情是极具感染力的体语。我们常说要善于察言观色。观色，就是注意对方面部表情传达的信息。梅拉宾设计过一个“信息冲击力”的计算公式，这个公式表明，面对面的交流中，言辞所占信息比重为7%，而面部表情传递的信息要占55%。体语学的创立者伯德惠斯特也说过：“光人的脸，就能做出大约二十五万种不同的表情。”我们知道，仅仅是笑，就有冷笑、奸笑、皮笑肉不笑、微笑、大笑、甜美的笑、满足的笑、会心的笑等，不胜枚举。京剧《智取威虎山》中形容座山雕是：不怕座山雕叫，只怕座山雕笑。座山雕的笑令人毛骨悚然。达·芬奇的名作《蒙娜丽莎》，蒙娜丽莎的笑令人很难以言语描述，于是成了千古的“神秘之笑”。

人的各种不同的动作也传递着复杂的信息。一个未经验证的说法是，一个人能以不同的身体动作发出七十多万种信息。戏剧演员则能根据不同身份的人物设计出不同的动作来。如有身份的人吃饭同苦力吃饭，其吃相就不同，不同吃法传达出他们不同的身份。小说家张天翼先生在民国大学任教时，给学生讲“文艺创作”课，讲要注意以不同的动作来表现不同的人物。他以扇子为例，讲三种不同生活的人有三种不同的扇扇子的方式：姑娘是用小巧玲珑的扇子扇嘴唇；穿长褂子的先生们是用苏折扇子扇胸脯；挑脚的苦力们则用大蒲扇扇屁股。人的许多动作是下意识做出来的，但同样传递着丰富的信息。

穿着打扮、颜色气味，甚至时间和空间等都可以作为符号参与编码、解码过程。在人们印象里，一个浓妆艳抹的女子肯定十分风流，而一个戴深度眼镜的人总是很有学问的。《战国策·赵策一》中云：“士为知己者死，女为悦己者容。”一个女子很注意在某个男子面前的打扮，十有八九是对这位男子有点意思了。有个学者曾经做过一个有趣的实验：他本人以不同的衣着打扮出现在同一场合。当他身着西服以绅士模样出现时，无论是向他问路的还是问时间的，大多彬彬有礼，而且基本上也是绅士阶层的人；当他打扮成无业游民时，接近他的人多半是流浪汉，或者是来借火点烟的。

作为一个神话和梦想的制造者，广告也是以符号的嫁接来建构种种符号意指，从而在一定程度上实现影响广告受众的目的。一个经典的例子便是可口可乐。自 1886 年起，可口可乐便一直长期不懈地运用凝聚了美国精神、美国生活方式的符号来塑造其品牌，使它成为美国生活方式的象征。无论在第二次世界大战时美国士兵的手中，还是攻到其他国家的市场中，可口可乐所到之处天下尽收。其实，并非这种饮料有什么神奇的魔力，而是其广告编码、解码过程中包藏的美国梦在起作用。正如一位美国学者所评价的：“可口可乐代表着美国所有的精华，可乐瓶中盛装的是美国人的梦想。”

三、编码/解码理论的启示

人是符号的动物，生活在一个自己创造的符号世界之中。编码、解码是我们生存的行为指向，也构筑了我们的生活状态。编码、解码理论对我们更好地理解社会治理和跨文化传播中的信息沟通有着很好的启迪。

1. 编码、解码中的社会契约

符号作为信息的载体，它与所传播的信息内容并没有必然的联系。符号包括形式和意义两个方面：形式是公共的传播领域中的可感知之物，如文字、图表等；意义则是人们赋予的。当然，什么样的符号表达什么样的意义，这并不完全由传播者单方面说了算，而是一种约定俗成。大而言之，是社会成员协调行为的社会契约；小而言之，可以是传、受双方的一种临时约定。有一部小说写到地下工作者之间传递信号，临时决定用窗台上的花盆作暗号，有花盆则表示安全，否则便出事了。

中国古代的荀子说过："名无固宜，约之以命，约定俗成谓之宜，异于约谓之不宜。名无固实，约之以命实，约定俗成谓之实名。"说的就是符号所表达的意义是一种公共性的约定和社会性契约。重庆一旅游饭店，将公共厕所标为"洒脱间"，男厕为洒间，女厕为脱间。虽贴切有趣，却不合约定，故游人迟疑之。

语义学家沙夫举过一个例子。他说，有两个人想走过马路，灯柱上的红灯亮了，其中一人看见红灯亮了便立即停下步来，因为他懂得城市交通规则，换句话说，他这个行为符合这里的社会准则；另一个人却要继续前进，因为他不懂得交通规则，但他确实不是企图违反社会准则。头一个人制止第二个人，并且向他解释："你看见红灯了吗？这个符号表示，此刻暂不许横过马路；当绿灯亮了，你才能横过马路。"不一会，红灯灭了，果然绿灯亮了，这两人才继续前进。到了下一个十字路口，又亮了红灯，这时，原来看见红灯也不肯停下来的那人，这次主动地停了下来，此刻他已经懂得红灯所赋予的意义了。可见，符号与意义之间完全是一种社会契约关系。约则通，不约则不通。

一个符号若要畅通无阻地在传播过程中产生作用，符号中的形式和意义的结合就得具有一定的公共性和稳定性。公共性是从空间上来说的。符号在多大范围内传播，共同守约的范围就有多大。点头表示肯定，摇头表示否定，这在世界上很大范围内达成了约定，交流起来不成困难。据说在少数地区点头与摇头的意义与此不同，这就超出了一般的守约范围，在对外交流中就会产生误解。尼葛洛庞蒂在《数字化生存》一书中谈到这样一件事：在一次6人晚餐中，大家都在谈论不在场的甲先生，作者向他对面的妻子伊莲眨了眨眼。晚饭后，有人问眨眼表示什么意思，作者说要向别人解释清楚需要花10万个比特，而同他的妻子沟通此事仅需1个比特即可。这主要是因为，此处眨眼这一符号的意义，只在他与妻子之间有约定，所谓心有灵犀一点通。

稳定性是从时间意义上来说的。某一符号表示某一意义，必须有较强的稳定性。如果你今天以点头表示肯定，明天以摇头表示肯定，别人就无法理解你的意思，交流起来就十分困难。如骊山烽火戏诸侯的故事。幽王宠褒妃，让其篡位正宫，有专席之宠，但褒妃从未开颜一笑。幽王欲令其开心，召乐工鸣钟击鼓，宫人歌舞进觞，褒妃还是全无悦色。如此又使尽了招数，还是不能令其开颜。最后有人献计，点燃骊山烽烟。原来幽王之父因防外敌入侵，在骊山之下长年置烟墩二十余所，如有敌人入侵，则点燃狼烟，附近诸侯见烟一起，便发兵援救。这样，烽烟就成了传递敌情的符号。幽王为了博褒妃一笑，果然点燃烟墩。诸侯见烟起兵，匆匆赶至，不见敌情，大有被戏弄之感，后来幽王遇敌再举烽烟，诸侯自然不再信，因为在他们的记忆里，烽烟已不是传递敌情的符号了。

符号与它所表达的意义之间的联系具有一定的稳定性，但并不是一成不可变的。如在封建社会中，“三寸金莲”是一种女性美的象征，时过境迁，在今天看来，成了束缚女性自由的一种桎梏。当然，这种变化并非随心所欲的，也很难以行政命令的形式固定下来，往往是由于文化背景的变化而变动的。更有甚者，有一些符号所表达的意义在演变过程中发生了很大的变化，以至于今天对这一符号过去“所指”已不明身世，而演变后新赋予的意义又构成了新的稳定性。如“衣冠禽兽”一词的意义就今昔迥异。它源于明代官员的服饰。明代官员的服饰规定：文官官服绣禽，武将官服绘兽。文官一品绯袍，绣仙鹤；二品绯袍，绣锦鸡；三品绯袍，绣孔雀；四品绯袍，绣云雁；五品青袍，绣白鹇；六品青袍，绣鹭鸶；七品青袍，绣溪敕；八品绿袍，绣黄鹂；九品绿袍，绣鹌鹑。武将一品、二品绯袍，绘狮子；三品绯袍，绘老虎；四品绯袍，绘豹子；五品青袍，绘熊；

六品、七品青袍，绘彪；八品绿袍，绘犀牛；九品绿袍，绘海马。因此，人们称文武官员为“衣冠禽兽”，当时是一个令人羡慕的赞美词。明朝中晚期，官场腐败，文官爱钱，武将怕死，欺压百姓，无恶不作。于是，“衣冠禽兽”就演变成为非作歹、如同牲畜的贬义词。

在传播中保持符号意义的稳定性是必要的，但固守稳定性也会造成僵化和退化。我们都知道一句俗语，第一个把女人比作鲜花的是天才，第二个把女人比作鲜花的是庸才，第三个把女人比作鲜花的是蠢材。因此，打破稳定性，就有可能出新意。这一点在文学家那里极为常见。柯亨（Hermann Cohen）说，“诗摧毁了日常语言只是为了在较高层次上重建此语言。由修辞格完成的‘解构’被另一秩序的‘重构’所接替。”也就是说，通过诗歌可以看出，人们不会满足于已有的符号与意义之间的联系，总会创造新的符号表达新的意义，或者“旧瓶装新酒”，赋予旧的符号以新的意义。比方说“秋波”一词，原意是指明澈的秋水，以它来表示美女的眼神，就给它赋予了新的意义。这种新的联系又会产生新的稳定。

2. 社会治理模式中的编码、解码

研究表明，我们今天所面对的一个最为重要的事实是，传统社会建立在信息资源垄断基础上的社会治理模式发生了从“全景监狱”到“共景监狱”的根本性转换。所谓“全景监狱”是法国哲学家福柯对人类社会控制的方式的一个比喻。福柯发现，在传统社会，社会管理者主要是通过信息不对称的方式来实现成本更低、效率很高的社会治理的。这种控制形式恰如古罗马人发明的一种金字塔式的监狱：犯人被监禁在不同的牢房中，狱卒则处于最高一层牢房顶端的监视室内，他可以看到所有犯人，而犯人们却看不到他，并且犯人们彼此之间缺少有效沟通和传递信息的渠道。在这种情况下，无论管理者是否到位或者缺位，犯人们都假定他的存在，因而不得不接受外在控制，同时也自觉地规罚自己。[①]

而今天我们所面对的真正变化是，传播的技术革命正在促成一种新的社会结构——“共景监狱”。与“全景监狱”相对，“共景监狱”是一种围观结构，是众人对个体展开的凝视和控制。管理者在信息资源把控方面的优势已经不复存在，过去社会管理中“强编码—弱解码”的传播模式遭

① 喻国明.“新闻立台”：时代的发展与内涵的转变. 南方电视学刊，2009（5）

遇到前所未有的危机。人们沟通信息，根据自己的标准对管理者和传媒传播的信息进行个性化的解读：大声疾呼被视为托辞辩解，沉默无语被认定是俯首认罪。

在“共景监狱”社会信息场域之下，政府的一个重要责任不是传统意义上的“包青天式”的包办和颐指气使的统一口径，而是充分调动社会全体成员的力量和智慧，建立规则，让他们在社会公共领域享有更多的发言权、决策权和自我控制权。在信息社会，信息沟通与传播是一种有效的治理工具，对于政府部门来讲，它成本低、见效快，对于公众来讲，它体现了公正与平等。同管制性工具容易造成的“对抗性”心理相比较，信息公开更容易争取公众解读政府决策的“支配—霸权立场”和“协商立场”。信息的传播者和接收者可以在多次互动中达成思想的默契和行动的一致。

这种治理工具的选择，要求传统的行政公开加强信息编码能力，提高信息传播质量。在公共管理和公共服务中，政府将从企业、社会团体、公民个人收集到的大量分散的、无序的原始信息进行深加工和正确编码，让公众从宏观上、整体上对事务的发展变化进行动态分析，从而作出更加全面的分析、判断、选择和决策，以保证政府信息的价值得到最大限度的体现和利用。政府能否充分开发信息资源促进经济社会的和谐发展与全面进步，成为信息社会政府信息公开的重要课题和政府治理能力的重要体现。

3. 跨文化传播中的编码、解码

所谓“一千个读者心里有一千个哈姆莱特”，这实质上指出代码、语境和意义是一个事件的不同方面，相同的代码由于语境的不同会产生不同的意义。从表面上看，文化和传播是两个不同的概念。但是如果把文化和传播放在一起来思考，则会发现，任何文化，只要是活的存在，就不能不传播，而且一刻也不能停止传播。而任何传播，不论采取什么方式，都不能不以文化为内容。人类社会的发展史就是一部各种文化不断相互融合的传播史。多样的文化造就了缤纷的现实世界，而跨文化的传播则打通了不同文化社会之间的分割，形成了文化与文化的交流互动，推动了世界文化的共同发展。可是，随着不同文化交流的增加，跨文化传播中编码、解码出现的问题也催促我们做更多的思考。

2006 年的 12 月底，一个所谓的“改龙事件”成为社会关注的热点，引起了全球华人特别是传播学者的普遍关注。事件的缘由是有报道称上海外国语大学专家提出“为避免西方误解，不以龙作中国形象标志”，因为“龙”的英文是“dragon”，它在西方世界被认为是一种充满霸气和攻击性的庞然大物，这样的形象容易让那些对中国历史、文化不甚了解的外国人产生一些负面联想。

传播是一个编码和译码过程，信息交流是一个编码和译码的心理活动。一种文化中形成和发出的信息，在另一种文化环境中，该文化的接收者所领会的含义不一定相同。人们在接收信息的时候具有很大的选择性，而且在选择信息的时候“总是在寻找（常常是无意识地）那些能加强他们观点（先入之见或偏见）的信息，接受那些不合拍的信息是一种痛苦”[①]。汉语中的“龙”的信息一旦越过文化的边界与英语文化进行交流，就会出现种种麻烦。所以汉语文化的“龙”的概念在用英语重新编码的时候，必须考虑到对象文化接收者的选择性、倾向性和认知特点，考虑“编码者”和“解码者”符码之间的不对称。

有“中国政府公关总管”之雅称的赵启正先生一直关注着“向世界说明中国”的重大命题。他几次在谈话中坦承中国媒体同世界主流媒体的巨大差距，中国对外传播存在着严重的“赤字”。传播学者程曼丽在《国际传播学教程》中提出“第二次编码”理论，她认为，普通的传播只需要一次编码——将原始信息转换成可被一般受众接受的信息，那么国际传播的编码就需要 2 次，第二次编码是将本国一般受众接受的信息转换成可被他国受众或全球受众接受的信息，即“二次编码是语言的转换和文化的对接”。语言的转换是浅层次的编码，文化的对接是实现传播有效性的关键。[②] 可以说，“二次编码”理论和“赤字”问题在逻辑上对接了起来。“赤字”的一个重要原因正是出自这个“第二次编码”，我们的大众媒介虽然也把进入国际舞台作为目标并且做了很多努力，但既不熟悉国际通行的认知和规范体系，又没有很好地研究别人的社会文化习俗，难免事倍功半。那些不成功的事例是大家知道的。对此赵启正是这样说的：“一方面由于中外文化存在着很大差距，另一方面则是中国人在国际文化市场上还

① ［加］马歇尔·麦克卢汉．理解媒介一论人的延伸．何道宽译．北京：商务印书馆，2001. 117，48

② 魏永征．对外传播的“赤字”和“二次编码”论．新闻记者，2007（1）

缺乏推销能力”。

霍尔的理论可以说阐明了符码的形式的本质，这种本质决定了解码行为可以不受制于编码行为。编码、解码行为受各自意识形态影响，可以互相独立。在大众媒介的环境下，权力的舞台通过媒介话语，转移到文化领域。编码、解码者，谁在“生产意义”的斗争中取得胜利，才能在话语权力中取得胜利。在全球化不断深入发展的今天，一方面，我们必须让中国更好地了解世界；另一方面，我们要提高自己在跨文化传播中的“编码”能力，通过有效的编码，保护、发展和传播中华文化及中华民族价值观念，让中国参与世界性话语建构，破除以西方的“文化霸权”为特征的西方话语权力中心。

当然，霍尔的编码/解码模式近来也遭遇到批评和挑战，霍尔本人也曾反思编码/解码理论：“我曾经想摆脱那些观点的起源出处，我们已身处历史中，因而话语也是散漫无序的。但是编码理论并非天外飞来，我曾犯了个错误，是把那个图表只划了上半部分。如果你想阅读全部内容，你必须划一个环形图来显示它。因此我必须说明解码是如何进入记者选题的实践和话语体系的。”笔者以为，霍尔的文化理论建构于表征理论，始终强调意义，编码/解码模式也不例外；由于过于执著于意义，往往忽视了对更为宏观的因素（如经济因素）的关注。如果引入布迪厄的文化资本概念，用对文化资本的拥有来分析受众的解码立场，这样会更有理论说服力和实践操作性。我们要牢牢记住格罗斯伯格的忠告：文化研究越来越远离经济，这是一个危险的信号。

四、延伸阅读

1. ［英］斯图亚特·霍尔．编码，解码．文化研究读本．北京：中国社会科学出版社，2000

2. ［法］罗兰·巴尔特．符号学原理．李幼蒸译．北京：中国人民大学出版社，2008

（与郭子辉合写）

22. 你中有我我中有你，文化存在继承与关联——

互文性（Intertexuality）

互文性

丰子恺说：“五谷丰登的‘丰’。”谁知道钱庄商人不知道是哪个丰，丰子恺自我介绍道：“鄙人姓‘丰’，汇丰银行的‘丰’。”农民大叔一辈子在乡下种田，并没听说过还有个汇丰银行，就摇头表示不知。

一、互文性概述

提到“互文”，或许我们都不陌生。它又叫互辞，是古诗文中常采用的一种修辞方法。古人对它的解释是：“参互成文，合而见义。”具体地说，它是这样一种形式：上下两句或一句话中的两个部分，看似各说两件事，实则是互相呼应、互相阐发、互相补充，可以合起来理解。互文有两种形式：一是同句互文。即在同一个句子里出现的互文。如“秦时明月汉时关”一句，“秦”和“汉”是互相补充。另一是邻句互文。即在相邻的句子里出现互文。如《木兰诗》中“东市买骏马，西市买鞍鞯，南市买辔头，北市买长鞭。”在这里，“东市”、“西市”、“南市”、“北市”就构成了互文，意思是跑遍了许多市集，购齐了出征所需之物，而不是在某一个集市上只买某一样东西。

“互文性”这一概念，可以说是“互文”一词含义的放大。

“互文性”（intertexuality）这个词源于拉丁文 intertexto，原意为在编织时加以混合。“互文性”作为术语，是法国后结构主义批评家克莉思蒂娃于20 世纪60 年代后期提出的。她说：“任何文本都是作为引文的马赛克而被建构的，任何文本都是其他文本的熔铸与变形。”她特别强调某一特定文本与其他文本的联系。

比方说，在你写作的文本中，你会旁征博引，不时借用他人的观点和已有的研究成果，引用史料与典故。这样，你的文本就具有互文性质。即使是号称“独创”的文学作品，同样是受前人作品潜移默化的影响。又比方说，王安石有一名句“春风又绿江南岸”，我们常赞叹其“绿”字用得好，有创新。据说王安石最初是用了“到”、“过”、“入”、“满”等字，改了十几次才选定这个“绿”字的。但钱钟书发现，这个所谓创新的用法，其实前人早就用过。唐诗中就不鲜见：丘为《题农父庐舍》中有“东风何时至？已绿湖上山”；李白《侍从宜春苑赋柳色听新莺百啭歌》中有“东风已绿瀛洲草”；常建《闲斋卧雨行药至山馆稍次湖序》也有类似的描写：“行药至石壁，东风变萌芽。主人山门绿，小隐湖中花。”所以，钱钟书先生说，传说中王安石反复修改，是忘了唐人的诗句而白费心力呢，还是明知道这些诗句而有意标新立异呢？他最终选定“绿”字，是与唐人暗合呢，还是自觉不能出奇制胜而最终向唐人认输了呢？（见钱钟书《宋诗选注》）这个例子说明，即使富有创新意识的王安石，他诗中富于新意的"绿"，同样可以看出前人文本内容的渗透。所以，我国一些学者在介绍"互文性"这一概念时，情不自禁地想到中国一句老话：天下文章一大抄。著名的叙事学家杰拉尔德·普林斯（Gerald Prince）在其《叙事学词典》中就说过："一个确定的文本与它所引用、改写、吸收、扩展或在总体上加以改造的其他文本之间存在一定的关系，并且依据这种关系才可能理解这个文本。"

互文性可以分作广义与狭义两个层次来理解。

狭义的互文性，即文本内部词语、句子、段落等因素之间构成的相互渗透、交互指涉。德国学者沃尔夫冈·伊瑟尔（Wolfgang Iser）将文本内部的互文构建分为三个层次：第一，关于在文本之内选择文本外的传统、价值、引喻、引语等进行联系的过程；第二，在文本内组织具体语义内容的过程，或者说通过联系纳入文本的外部事物而产生文本内部参照系的过程；第三，词的互相关系或语言的特殊运用过程，包括打破词意限制、占有语义内容、重新安排规则和改变规则。"①

广义的互文性，则包括了文化传统、社会环境等诸多因素与文本的相互渗透与指涉。在一个文本中，不同程度地以各种能够辨认的形式存在着其他的文本，诸如先前的文本和周围文化的文本。读者先前的阅读经历、知识储备和在文化环境所处的地位也形成至关紧要的互文性。互文性研究者更重视这一方面的研究。美国学者乔纳森·卡勒在《符号的追寻》（1981年）中说：与其说互文性是指一部作品与特定的前文本的关系，不如说是指一部作品在一种文化的话语空间之中的参与，一个文本与各种语言或一种文化的表意实践之间的关系，以及这个文本与为它表达出那种文化的种种可能性的那些文本之间的关系。为讨论方便，这里不妨将"先前的文本和周围文化的文本"统称为"前文本"，将这个"确定的文本"称为"当前文本"。广义的"互文性"，就是这两个文本之间的相互渗透、交互指涉。

法国学者德里达发明了"延异"这一概念来描述"当前文本"与"前文本"的联系。"延异"之延，是从历时态来描述的；"延异"之异，

---

① 王逢振．今日西方文学批评理论．桂林：漓江出版社，1988.86

则是从共时态方面来考虑的。从共时态方面来考虑，“前文本”指的是接受者当下所处的社会语境。当某一信息被接受时，接受者所处的社会语境总是会不知不觉地与之构成互文。从历时态方面来考虑，“前文本”指的是接受者所长期浸润的一种文化的话语空间。接受者对某一文本的解读，也会与他的文化背景构成互文，从而完成对信息的接受。这一点，法国学者德里达说得很明确：接受者在接受某一文本时，作为阅读对象的特定文本是在场的，但它的意义不能由自身的指涉获得，而只能在与不在场的其他要素的联系中赋予。[①]

二、互文性理论的应用意义

互文性理论对于理解文学的创作与接受中的一些现象，是具有积极意义的。比方说，对于创作而言，我们过去常说“读书破万卷，下笔如有神。”那么，这个“神”从何而来？从互文性的角度来理解，原来构成你文本中的互文范围广了，你就左右逢源了。朱熹早就有诗为证：“半亩方塘一鉴开，天光云影共徘徊。问渠哪得清如许，为有源头活水来。”又比如说，文学鉴赏中最典型的现象“诗无达诂”。为什么对文学的理解会出现“一千个读者心里有一千个哈姆莱特”的接受现象？从互文性的观点来看，原来还是阅读者所拥有的“前文本”与阅读文本在互相指涉起作用。鲁迅先生谈不同的读者对《红楼梦》的理解各有不同：“经学家看见《易》，道学家看见淫，才子看见缠绵，革命家看见排满，流言家看见宫闱秘事。”就是因为各自拥有的“前文本”有异所致。

不仅文学文本的写作与阅读会产生互文现象，其他性质的文本也是如此。如新闻报道，以2008年10月31日中央电视台《新闻联播》报道胡锦涛总书记视察陕西榆林农村一户农家为例，电视画面中有一空镜头，特写树上喜鹊在跳跃，还出现喜鹊喳喳叫的同期声。这个画面与同期声的信息含义比较含蓄，解说词中没有提及，但具有中国传统文化背景的观众都能明白，喜鹊欢叫寓意吉祥喜庆。在这里，“喜鹊欢叫”这一信息，与另一个不在场的信息（寓意吉祥喜庆）构成了互文。但我们注意到，在CCTV

① ［法］巴里·斯密里斯等. 德里达的学位，一个荣誉的问题，一种疯狂守护着思想：德里达访谈录. 上海：上海人民出版社，1997. 76

-4的新闻报道中，就删除了“喜鹊欢叫”这一信息。这恐怕主要是考虑到境外受众的文化背景，难以对这一信息产生与国内接收者同样的“互文”，起不到应有的传播效果。美国传播学家施拉姆提出过“共同经验范围”这一概念，他说：“传播中，所有参与者都带了一个装得满满的生活空间——固定的和储存起来的经验——进入了这种传播关系，他们根据这些经验来解释他们得到的信号和决定怎样来回答这些信号。”①

施拉姆所说的“共同经验范围”，就是互文范围。有一个故事谈中国现代著名画家丰子恺两次向他人介绍自己的姓的经历，很能说明问题：

有次丰子恺在轮船上遇见一个钱庄商人问他的姓名。丰子恺答：“姓丰。”钱庄商人纳闷地问：“什么风?”丰子恺解释道：“咸丰皇帝的‘丰’。”钱庄商人不解。因为年代相去甚远，商人也不大看历史书，因此并不知道咸丰。丰子恺又说：“五谷丰登的‘丰’。”谁知钱庄商人仍不知道是哪个丰。丰子恺哭笑不得，只好拿笔在纸上写了个“丰”。钱庄商人一看，恍然大悟，连声赞道：“这姓不错！是‘汇丰银行’的‘丰’啊!”丰子恺也乐了，心想：不错不错，“汇丰银行”的确比“五谷丰登”要时髦，比“咸丰”要通用。

没多久，丰子恺和一个农民同乘一辆车，两人交谈甚欢。丰子恺自我介绍道：“鄙人姓‘丰’，汇丰银行的‘丰’。”农民大叔一辈子在乡下种田，并没听说过还有个汇丰银行，就摇头表示不知。丰子恺就说：“咸丰皇帝的‘丰’。”农民大叔只关注自己的温饱，并不去管谁又坐了江山，何况是百年前的皇帝，仍是摇头。丰子恺只好在他手上写了个“丰”。农民大叔忙说：“好姓好姓，年年丰收、五谷丰登的‘丰’啊!”丰子恺恍然大悟：“一直觉得说话并不是难事，可对待不同的说话对象，要说的话还真不一样。看来，我也得好好学学说话的功夫啊!”

显然，钱庄商人与农民大叔的经验范围不同，就没有共同的互文基础。没有共同的互文基础，就不能以互文方式来沟通。

在国际传播、跨文化传播中，这种现象一不小心就可能发生。人们称

① ［美］威尔伯·施拉姆等. 传播学概论. 北京：新华出版社，1984. 47

为“误读”现象。由于作者与读者之间的文化背景存在沟壑，他们使用的“当前文本”是同一的，但他们使用“前文本”却是不同的；写作者的“当前文本”与“前文本 A”构成互文，但阅读者解读“当前文本”时，与之构成互文的却是“前文本 B”。这实际上是“伪互文”，大多“误读”现象就是这样发生的。举例来说，我国媒体曾转发过美联社的一条消息，报道美国总统里根之子小里根失业的事实。其导语为：就在罗纳德·里根总统对全国说“美国正在走向经济复苏”之前几小时，他的儿子普雷斯科特·里根却在这里同失业者一起领救济金。这条消息用小里根失业这一事实来与里根宣扬的美国“走向经济复苏”的“政绩”构成对比性互文，说明美国经济绝不像总统说的那么好。但是我国读者在接受这条消息时，就与当时国内某些腐败现象联系，产生了这样的“互文”：美国总统的儿子都可以失业，你看人家并不因为老子的原因找到好工作发大财。这显然不是传播者所欲传播的信息。再如，2009 年 8 月 14 日，俄罗斯总统梅德韦杰夫和总理普京在总统官邸共度周末。我国有媒体对此报道，称“俄总统、总理共度周末，梅氏为普京当司机”①。“当司机”这一信息，很容易让中国读者与自身所处的文化背景联作互文，其含义就发生了变化。实际上，梅氏为普京当司机，只是尽东道主之谊。由上可见，“伪互文”虽然也能对文本作出解读，但它解读出的意义与传播者所要传播的意义产生了较大的差异，甚至是相反的意义。如此，对于传播者来说，他的传播就是失控或者说是失败的。

又如跨国广告传播的问题。如果不考虑广告投放国的文化背景，这样的广告不仅不能产生积极效果，甚至完全可能出现负面效果。2003 年遭华人抗议的丰田车“霸道”广告和“龙篇”立邦漆广告即是如此。前者让石狮向“霸道”车行礼，配图广告语为：“霸道你不得不尊敬”；后者为表示油漆的光滑，让中国式亭阁柱子上的龙滑落。这两则广告被国人视为“侮华”广告。因为龙是中华民族的图腾，而狮子则是中华传统文化的象征，极易让人联想到卢沟桥上的石狮，想到卢沟桥事变。

近些年，人们利用互文理论，对网络传播中的一些现象解读，获得了很好的效果。如网络上经常可见的“链接”方式，实际上就是与源文本构

① 广州日报，2009－08－15（A7）

成互文的方式。还有网络媒体与传统媒体出现的互文性表述。不少新词语最初是在网络上流传开来，然后进入传统媒体，形成新的“典故”。如果不了解这些“典故”之来源，也就是说没有网络媒体上的表述作为互文基础，就没法理解这些词语的含义，如“周老虎”、“打酱油”、“躲猫猫”、“俯卧撑”等。可见多媒体时代，又出现了媒体之间的互文性。

三、互文性理论的启示

互文性理论揭示了文化存在的继承与联系关系，为我们理解这一关系提供了一个广阔的视野。其启示是多重意义的，此处且说三点：

第一，互文性理论对独创性观念是一个颠覆。“天下文章一大抄”，在互文性理论视阈中，这句话只是道出了写作的本质，绝不是贬义之词。既然如此，我们对专利权的理解是不是有一种新的眼光？或者说，“专利”也只是相对而言的，任何发明创造都是在前人的研究基础之上形成的。曾经，中美长期关于知识产权的谈判十分棘手。当时的国务院副总理吴仪参加一次谈判时，美方代表先发制人说，“我们今天是与小偷谈判”。吴仪毫不示弱说，“我们今天是与强盗谈判”，西方列强过去从中国抢走了多少文物宝藏！后来经过多轮的磋商，终于有了结果。1996 年中美代表在北京再次举行谈判，《人民日报》记者龚雯报道了这一事件。报道中写了一个“中西反串”的场景：“磋商期间，记者们注意到这样一幅图景：美国代理贸易代表巴尔舍夫斯基女士穿着中式对襟丝缎上衣，而中方团长石广生则是标准的西装革履，当两人一起步入谈判会场时，人们不禁为他们衣着上的‘中西反串’而会心一笑。”这一场景意味深长。美国代表穿“中式对襟丝缎上衣”和中国代表“标准的西装革履”这两个细节实际上构成了绝妙的互文，各民族创造的文化，实际上早就形成全人类共同享有之物了。

第二，互文性理论提醒我们，在传播时一定要充分考虑到信息接收者可能产生的互文影响。特别是跨文化传播时尤其应当如此。首先，传播者要熟悉接受者的“前文本”。我们要知道，接受者会以什么样的“前文本”去与“当前文本”构成互文，这对于信息的理解至关重要。因此，新闻传播者一定要预先估计新闻接受者可能援用的前文本，努力使所传播的内容与前文本形成有效互文。信息传播者如果能充分熟悉接受者所处的语境，并估计到将会构成什么样的互文，就会注意到他的信息应当怎样传播。举例说，1999 年 4 月朱镕基访问美国，此时美国国内正有人指责中国幕后指使为克林顿提供政治献金。而一些香港报纸报道朱镕基到美国是送“大礼”来了。朱镕基认为这种提法很不正确，他特别嘱咐香港记者：“我请香港的记者朋友注意，你们以后不要再讲送‘大礼’了，送‘大礼’就等于政治捐献，这对于克林顿总统是非常不利的。”[①] 朱镕基非常熟悉美国的舆情，此番提醒表明，如果香港媒体说“送一个大礼”，即使是另有所意，但也会让美国受众将美国媒体之前报道的“中国为克林顿提供政治献金”成为互文，彼此印证，造成误读。其次，跨文化传播中，传播者要有意识引导接受者在指定范围形成互文，甚至直接点出互文路径。如在我们的对外报道中，提到孔子，除了要说明他生于公元前 551 年外，还要特别提示这比希腊哲学家苏格拉底和柏拉图分别早 81 年和 124 年；提到我国明代伟大的戏剧家汤显祖，就要提及他与英国戏剧家莎士比亚大约生活在同一个时代；提到郑和 1405 年至 1435 年之间七次下西洋，就要与西方家喻户晓的哥伦布发现新大陆联系起来，并说比哥伦布发现新大陆还要早半个世纪，等等。这些都是在有意联系接受者所处的文化背景，提示与所传信息构成互文。

第三，互文性理论启发我们在文本构建中，要注意尽量用好互文策略。既然互文性可以产生在“当前文本”内部，就有必要在“当前文本”的内部构建上下工夫。因此，要掌握互文限定策略，努力限定语义，或对语义作出新的规定。关于互文限定策略，罗兰·巴特重点对图、文二者之间的互文限定作了研究。他认为，不仅词语之间、图像之间存在互文性，词语与图像之间同样存在互文现象。语言要素可以用来固定或限制一个图像的解读，反过来，一个图像的说明性用法可以固定对模糊的词语文本的理解。[②] 这一概念也可以借用到新闻文本分析中来。我认为，有些新闻背景材料，就是与新闻事实构成互文而被组织进文本的。这就是背景材料与新闻事实的互文限定。如《中国总理与艾滋病人握手》一文，在写出温家宝总理与艾滋病患者握手这一主要事实后，紧接一段背景材料：

---

① 朱镕基答记者问. 北京：人民出版社，2009. 131

② Barthes，Roland. *Image-Music-Text*. Collins：Fontana，1977. p. 37.

一些学者指出，在中国及其他很多的亚洲国家，由于文化、社会等因素的影响，容易对艾滋病人产生歧视，这造成患者和病毒携带者生活艰难，也使很多人不愿深入了解有关艾滋病的知识。

最近一项调查显示，约20%的中国人从未听说过艾滋病，只有66%的被调查者知道艾滋病不会通过共餐传播。多达77.2%的被调查者表示不能接受让感染艾滋病病毒的同事继续工作。

背景材料主要交代中国等亚洲国家民众对艾滋病的不了解，对艾滋病患者存在偏见，不敢接触艾滋病患者。这与“中国总理与艾滋病患者握手”形成互文，锚定了事实的意义。

四、延伸阅读

［法］蒂费纳·萨莫瓦约．互文性研究．邵炜译．天津：天津人民出版社，2003

2. 郭光华．国际传播中互文性探讨．国际新闻界，2010（4）

四 把握世界

23．无形之手：掌握事物发展规律，无为而治并非消极处世

24．马太效应：物竞天择，适者生存。或做大做强，或另辟蹊径

25．蝴蝶效应：一个貌似毫无意义的决定，可能改变你的一生，每一次机会都值得认真面对

26．小概率事件：对可能来到的机遇，你准备好了吗

27．市场细分：精细地把握世界，你将发现更多的机会

28．反馈：在互动中准确把握世界，修正偏差

23. 掌握事物发展规律，无为而治并非消极处世——

无形之手（Invisible Hand）

无形之手

火车开过来了，已经无法让它停下来，但是可以通过拨动铁轨的道岔让火车开入废弃的B铁轨，可是这样就要牺牲那一名在B铁轨上玩耍的小孩。问题是可以以保护其他更多孩子的生命的动机来牺牲一名玩耍的小孩吗？

一、“无形之手”概述

有这样一个笑话：一群武校的学生要毕业了，老师告诉他们：“出去以后，千万不能和经济学家过招，因为他们都有一只看不见的手。”经济学家真的有一只看不见的手吗？

“看不见的手”又译“无形之手”，典出《圣经》。据《圣经》记载：巴比伦王伯沙撒在宫中设盛宴，忽然显出一只手，在宫墙上写下三个神秘的词：弥尼、提克勒、毗勒斯。众人不解其意。先知但以理说：“你冒渎天神，为此，神放出一只手，写下这些字。其意思是：弥尼，你的王位已告结束；提克勒，你在天秤里的分量无足轻重；毗勒斯，你的国度即将分裂。”

英国古典经济学家亚当·斯密（Adam Smith）1776年在其名著《国富论》中援引了“无形之手”这一说法。亚当·斯密说，国家对资本家进口或对使用自己的资本所作的限制没有必要，因为有一只“无形之手”在自动调控。虽然个人在投资中只考虑自己的利益，但在分工和市场的作用下，客观地可以达到国家富裕的目的。这就是受“无形之手”的调控。后来，“无形之手”便成为表示资本主义完全竞争模式的形象用语。它的含义是：在私有制社会，在个人资本投资过程中，国家没有必要对此作出限制。每个人都会从自身利益出发，都有获得市场信息的自由，参与自由竞争，政府无需干预经济活动。这是通过市场竞争机制自动达到某种均衡状态与良性运作。进一步说，国家经济的发展不应由政府干预，而应由整个社会需求进行选择。任何一项自愿的交易，如果交易双方得不到好处，就不会产生。在大家都能得到好处的情况下，不需要任何外力强制和对自由的侵犯来促使人们合作。

亚当·斯密特别强调市场机制的作用，他说，如果某一部门投资太多，利润的降低会纠正这种错误的分配。“用不着法律干涉，个人的利害关系与情欲，自然会引导人们把社会的资本尽可能按照最合适于全社会利害关系的比例，分配到国内一切不同的用途。”《国富论》一书对自由市场作了精辟的阐述：自由市场表面看似混乱而毫无拘束，实际上却是由一双“无形之手”所指引，将会引导市场生产出正确的产品数量和种类。举例而言，如果产品发生短缺，产品的价格便会高涨，生产这种产品所能得到的利润便会刺激其他人也加入生产，最后便消除了短缺。如果许多产品进入了市场，生产者之间的竞争将会增加，供给的增加会将产品的价格降低至接近产品的生产成本。即使产品的利润接近于零，生产产品和服务的利润刺激也不会消失，因为产品的所有成本包括了生产者的薪水在内。如果价格降低至零利润后仍继续下跌，生产者将会脱离市场；如果价格高于零利润，生产者将会进入市场。由于人的动机都是自私而贪婪的，自由市场的竞争将能利用这样的人性来降低价格，进而造福整个社会。在《国富论》一书里最知名也最常被后人引用的两句话是："我们不能借助于向肉贩、啤酒商或面包师傅诉诸兄弟之情而获得免费的晚餐，相反的我们必须诉诸于他们自身的利益。我们填饱肚子的方式，并非诉诸于他们的慈善之心，而是诉诸于他们的自私。我们不会向他们诉诸我们的处境为何，相反的我们会诉诸于他们的获利。"

有人编了一个故事来说明"无形之手"的运作机制。录此，有助于我们理解这一理论：

有一个小镇因大雪封山，失去了所有供应。于是人们纷纷涌进小镇中的两个超市——"灰狗超市"和"凯恩斯超市"，购买燃料等生活必需品，以期能平安熬过这个冬天。很快"灰狗超市"的商品就被抢购一空，关门歇业了。这时"凯恩斯超市"由于提前有所准备，还有剩余的商品，可是价格却翻了一倍。人们气恼着、埋怨着，但还是不得不购买。也许你认为"凯恩斯超市"的老板太自私或道德有问题。可是正是因为他们的价格上涨，才使得人们放弃了很多相对不急需的商品，而留给了其他真正需要的人。也使得商品的流向更合理、更有效率。那么如果没有"凯恩斯超市"的商品和价格的提高会怎样呢？我想将会有很多人挨饿受冻，甚至失去生命。这只无形之手在满足了"凯恩斯超市"老板私欲的同时，让更多人得到了益处，从而拯救了这个小镇！

二、"无形之手"理论的影响

亚当·斯密的"无形之手"理论揭示了深藏在经济活动中的规律，让我们认识到了市场机制的作用。市场机制之所以能发挥这一作用，它必须具备一个前提条件，即让每一个参与经济活动的经济主体自主决策。一旦出现外在因素的干预（国家和政府对经济的干预），这只无形之手就无法有效发挥作用。所以，结构规范的市场和公平合理的竞争，是无形之手发力的两个重要前提。

按“无形之手”理论主张，政府在经济领域中的作为应当是很有限的。西方国家关于政府的理念很大程度上受到了“无形之手”理论的影响。对政府的作用，西方国家历来非常谨慎，认为政府一旦管制过头，便会侵犯人民权利，阻碍经济发展，经济衰落的真正根源往往在于政府过多的保护、过多的干预。因此，有必要限制其发生作用的范围和领域。据此，西方国家普遍奉行“有限政府”，即政府权力、职能和规模受到严格的宪法和法律约束、限制的政府。我们经常可以听到诸如“管得最少的政府是最好的政府”、“要管理得更好，必须管理得更少”一类的说法。亚当·斯密大力批评过多的政府管制，他认为那些管制将会阻挠产业的扩展。事实上，亚当·斯密反对绝大多数政府管制经济的行为，包括关税在内，他认为关税最终将导致长期的效率低落以及价格的居高不下。这个理论也影响了政府的立法理念，法律同样不应过多去限制自由状态下的发展。

在第二次世界大战以前，资本主义国家一直依靠这只“无形之手”来调节社会生产，并取得了令人瞩目的经济成果。“无形之手”的理论也一直被经济学界奉为准则。然而，1929 年席卷世界的大危机暴露出自由竞争的资本主义制度的缺陷，亚当·斯密的“无形之手”理论开始受人质疑。经济危机的事实表明，仅在无人干预的市场机制调控下，供求会发生严重脱节，潜伏着经济危机的威胁。因此，为实现经济的快速平稳增长，资本主义国家在战后努力寻求其他办法来弥补“无形之手”的缺陷。当他们看到社会主义国家实行计划经济、由国家制订计划来调节安排各部门各企业的生产时，他们发现了调节生产的国家计划这只“有形之手”。于是吸取这种经验，采用“有形之手”来补充“无形之手”的方法，由国家制定一定的计划，对各部门各企业的生产施加影响。这正如中国改革开放的总设计师邓小平所说的，社会主义也有“市场”，资本主义也有“计划”。人们注意到有形之手与无形之手的结合可以产生互补作用。

三、“无形之手”理论的启示

将“无形之手”理论延伸出经济领域，至少可以给我们两方面的启示。

第一，如何看待“规律”与“规则”。“无形之手”理论主张对经济市场的调控完全由市场自身来完成，而“有形之手”则主张有外力介入，主张按一定的方式对事物的发展作出调控。所以，“有形之手”与“无形之手”可以分别对应“规律”与“规则”这两个概念。

什么是规律？什么是规则？规律是事物在发展过程中内部的本质联系和必然趋势。它具有客观性，不以人的意识为转移。人们不能制定、改变和消灭它，但可以认识它、利用它。规则则是人为制订的。它反映的是人们在从事某项活动时必须遵守的一些方式。按照这一方式去运动，事物发展的结果是可期待、可掌控的。规律是客观的，规则是主观的；规律是不能创造或消灭的，规则是可以创造或消灭的。规律和规则都具有不可违抗性，一个好的规则往往是根据规律制定出来的。

规律深藏于事物内部，规则是人们外加于事物的。规律的作用形态就是无形之手；规则的作用形态就是有形之手。规律与规则并论的话，前者应当是宏观层面的，后者则多为微观层面的。规律之无形，就像我国古人说的“大象无形”、“大音希声”。无形之规律如何指导我们有形的微观层面的操作？就应当具体化为有形之规则，具备可操作性。我们经常说要尊重规律、按规律办事，这就表明，规律是高于我们的智慧的。尊重规律，是宏观决策层面的事，而具体操作大都是依规则行事。所以，我们制定的规则应当服从于规律。

但在现实生活中，一些规则的制定并没有充分尊重规律。个人意志、长官意志往往以某种“规则”的形式出现。按规律办事具体化为按规则办事，却不幸退化成了按长官意志、个人意志办事。违背规律的蛮干，让我们吃了不少苦头。1958年中国大规模地进行的“大跃进”，完全是以长官意志强加于事物的发展。其所犯下的错误，已经铸成历史耻辱。我们今天还有人以玩“规则”去代替规律，扭曲事物的正常发展，这同样也是非常可怕的。

有这样一个哲理故事：有两条铁轨，A轨道正在使用，而B轨道是已废弃了的。一群小孩在正在 A 轨道上玩耍，只有一名小孩在 B 轨道上玩耍。此时火车开过来了，已经无法让它停下来，但是可以通过拨动铁轨的道岔让火车开入废弃的 B 铁轨，可是这样就要牺牲那一名在 B 铁轨上玩耍的小孩。问题是可以以保护其他更多孩子的生命的动机来牺牲一名玩耍的小孩吗？

这一极端事例的答案选择是很残酷的。我认为可以为我们理解规律与规则之关系提供帮助。这一事例的答案是，火车不应进入已经废弃了的 B 道。其原因在于，首先，那个孩子是唯一做出正确决定而在安全的地方玩耍的；其次，对于在有火车行驶的 A 铁轨上玩耍的孩子，他们应当知道会有火车来，随时做好躲避的准备，即使是火车驶来也会尽力跑开，所受到伤害的可能性是有限的。而对于在废弃的 B 铁轨上玩耍的孩子来讲，他不会想到废弃的铁轨还会有火车开来，你突然让火车开过去的话，他一点准备都没有，受到伤害的可能性就大了。如果我们让火车突然出现在废弃的 B 轨道上，让做出正确决策的那个孩子要与其他孩子一样担惊受怕，那么有谁还会坚持走正确的道路？废弃的路轨上不跑车，这是规律，一个按规律办事的人却要受到一个错误的意志的摆布，人们今后的行为还有什么规则可循？因此对于这样的情况，不干预是最好的方式，火车开来在正常的轨道上乘客很安全，一群在铁轨上玩耍的孩子看到火车来了会自己躲开，而做出正确选择的在废弃轨道上玩耍的孩子可以玩得更好不受影响。规律的自我调节比那些临时性的规则要有大智慧得多。

第二，“无形之手”理论还让我们思考自由与秩序的关系问题。从人类的本性来说，人应该是自由的，任何对人类的奴役都是对人性的摧残。但人类组成政治社会以后，人的绝对自由就成了政治社会的一个悖论。政治社会概念本身就意味着某种秩序，意味着对人类自由的某种限制和否定。是按“无形之手”的理念，对自由采取放任？还是按“有形之手”的理念，以秩序去维护社会的有序？可不可以这样理解：自由是宏观层面的，而秩序是微观层面的。自由的实现要靠微观层面的秩序去调控和保障。同理，微观层面的秩序的调控必须是对宏观层面的自由的保障。此二者看上去矛盾，实际上可相辅相成，形成有机之体。亚当·斯密强调市场机制中的不干预理念，但他并没有放弃市场机制动作中的自我调节能力。恰恰相反，他是十分看重机制内部的自我约束、自我调节的功能的。或者说，他看到了事物内部存在着的秩序所发挥的作用。无形之手只是说其形态“无形”，并不是说连“手”也不存在。从这个意义上说，无形之手是特殊之手，其力量还真不亚于武林高手之“手”。

四、延伸阅读

曹立．透视无形之手．深圳：海天出版社，2010

（与吴志文合写）

24. 物竞天择，适者生存。或做大做强，或另辟蹊径——

马太效应（Matthew Effect）

马太效应

三个仆人财富差距越来越悬殊。呈现出强者愈强、弱者愈弱的态势。后来，人们发现生活中普遍存在这一现象，遂将其命名为“马太效应”。

一、马太效应概述

《圣经·马太福音》中有一则故事：

一个人要出国，就叫了仆人来，把他的家业交给他们。按照各人的才干，给他们银子。一个给了五千，一个给了两千，一个给了一千。那领五千的，随即拿去做买卖，另外赚了五千。那领两千的，也照样另赚了二千。但那领一千的，去掘开地，把主人的银子埋藏了。

过了许久，那些仆人的主人回来了，与他们算账。那领五千银子的，又带着那另外的五千来，说："主啊，你交给我五千银子，请看，我又赚了五千。"主人说："好，你这又善良又忠心的仆人。你在不多的事上有忠心，我把许多事派你管理。你可以进来享受主人的快乐。"那领二千的也来说："主啊，你交给我两千银子，请看，我又赚了两千。"主人说："好，你这又善良又忠心的仆人。你在不多的事上有忠心，我把许多事派你管理。你可以进来享受主人的快乐。"那领一千的，也来说："主啊，我知道你是忍心的人，没有种的地方要收割，没有散的地方要聚敛。我就害怕，去把你的一千银子埋藏在地里。请看，你的原银在这里。"主人回答说："你这又恶又懒的仆人，你既知道我没有种的地方要收割，没有散的地方要聚敛。就当把我的银子放给兑换银钱的人，到我来的时候，可以连本带利收回。夺过他这一千来，给那有一万的人。"

在上面这个故事中，三个仆人财富差距越来越悬殊。这一差距的形成有两个阶段，第一个阶段是主人最初对他们的财富分配。可视为他们的"第一桶金"。由于他们的第一桶金存在悬殊，再加上各自的才干有异，结果造成三者之间的财富差异进一步放大。呈现出强者愈强、弱者愈弱的态势。后来，人们发现生活中普遍存在这一现象，遂将其命名为"马太效应"。

马太效应理论在当代受到重视和应用要归功于美国科学史研究者罗伯特·莫顿（Robert K. Merton）。"对已有相当声誉的科学家作出的科学贡献给予的荣誉越来越多，而对那些未出名的科学家则不承认他们的成绩。"1968年，罗伯特·莫顿用这句话概括了当今社会中存在的一个普遍现象：

好的愈好，坏的愈坏；多的愈多，少的愈少。在经济上，马太效应也反应了经济学中一种贫者愈贫，富者愈富，赢家通吃的收入分配不公的现象。

马太效应无处不在，无时不有。超级巨星和新兴专业的顶尖人物获得天文数字般的薪金，并且这种趋势还在不断上涨。电影导演史蒂芬·斯皮尔伯格，1994 年赚进了 1.65 亿美元。加梅（Joseph Jamie）这位收入最高的律师，其酬劳为 9 000 万美元。而众多拥有同样才干的电影导演和律师，往往只能赚到这些额度的极小部分。而在美国汽车市场，通用和福特双雄并立，排名第三的克莱斯勒却在几经沉浮之后，终于被奔驰收购。这些现象都有一个共同的特征：任何个体、群体或地区，一旦在某一方面（如金钱、名誉、地位等）获得成功和进步，积累优势随即产生，就有更多的机会取得更大的成功和进步。

二、马太效应的应用

无论是在生物进化、个人发展，还是团体、国家竞争中，马太效应都普遍存在。此处选取经济领域和教育环境中的马太效应作简单分析。

（1）马太效应与经营策略：众所周知，经济领域内存在着“强者恒强，弱者恒弱”的现象。从地区发展的角度讲，赢家通吃理论是说当同时考虑到制度、人力资源等因素时，发达地区与欠发达地区之间会呈现“发展趋异”的“马太效应”。落后地区的人才会流向发达地区，落后地区的资源会廉价流向发达地区，落后地区的制度又通常不如发达地区合理，于是循环往复，地区差异会越来越大。这种情况在企业发展中更是常见，我们经常听到说“一步领先、步步领先”，就是这个道理。

马太效应揭示了这样一种资源优先论，只有率先抢占市场才能在竞争中处于不败之地。我们知道，资源就是为做某件事情所必须具备的条件。如同个人财产一样，一些资源既可以用来发展事业，又可以用来与他人交换。我们常常所说的强弱，就体现在可掌握和使用的资源的多寡上。拥有丰富的资源意味着拥有更强的抗风险能力，也意味着拥有更加优越的地位和更强大的潜力。而这样一家公司凭借着良好的资源能够进行更好的资源开发。这样，它若在市场早期就能提供比对手优良 10% 的产品，则可能得到 100% 的市场占有率，即使对手后来提供了更好的产品，也很难重新占领市场。企业开拓市场的关键在于发现市场机遇。市场竞争初期的客户开发成本相对低廉，随着竞争的加剧，对于慢一拍的竞争者来说，获得新用户的成本就很高，而且，从竞争对手手中争夺客户更是困难。因此，领先者拥有巨大的先发优势。而从再次吸纳外部资金（补充资源）上讲，越是业绩优秀、资金充裕的公司，银行越想将资金给它。公司的发展遵循如此轨迹，最后会形成一种“吸引力”。而一旦企业赢得了市场口碑，在消费者心中形成了品牌公信力，别的品牌因为成本问题更是无法实现超越。所以在市场上我们会看到一个成熟的市场往往被市场占有率第一、第二的企业所主宰，大多数公司都很难避免被淘汰出局的命运。市场经济是一种注意力经济，而在商业大战中，人们只能记住几个有限的品牌。马太效应验证了决定这种赢家通吃现象的是市场主体对注意力资源的占有程度。

（2）马太效应与成功学：翻阅成功学的书籍，无论是《最伟大的力量》还是《思考的人》、《向你挑战》抑或是《思考与致富》等，其中或明或暗地都贯穿着一种思想，那就是成功与自信心是分不开的。信心可以使思想充满力量，可以让人在强有力的自信心的鞭策下，把自己提升到无限的高峰。信心是心智的催化剂。当信心与思想结合时，潜意识中的心灵便立即接受到震波，然后将震波转化为精神的对立物，再将精神的对立物传送给“无穷的智慧”进而达到成功。所以说，最初的自我肯定、积极的自我评价会在不断的自我强化、自我暗示中转化为积极的行动，从而带来积极的后果——成功。

虽然大家常说，失败是成功之母。但试想，如果屡屡失败，从未品尝过成功的甜头，信心自然会被磨灭。成功有倍增效应，越成功就会越自信，越自信就会使你越容易成功，从这个角度来说，成功是成功之母。成功与失败也有两极分化的马太效应：成功会使你自信，也就越能成功；而失败会使人灰心丧气，离成功也就越来越远。拿破仑一生曾打过 100 多次胜仗，胜利使他坚信自己会所向披靡，而且也使敌人闻风丧胆。我们常说“失败是成功之母”，这主要是对抗挫折能力强的人而言，特别是他们能够从失败中总结教训，避免下次重蹈覆辙。但对于心智尚未成熟、意志还很脆弱的中小学生来说，“成功是成功之母”所产生的马太效应可能更适合他们的发展。正是因为这样，教育家们创造了激励教育法、赏识教育法，其奥秘在于培养被教育者的自信，让他们产生良好的情绪体验，成为不断进取的加油站。当一名学生取得成功后，因成功而酿造出的自信心会促使他取得更好的成绩。随着新成绩的取得，心理因素再次得到优化，从而形成了一个不断发展的良性循环，让他获得不断的成功。而通过体验成功，学生将产生积极向上的心态，具有更大的发展潜力，会取得更多的成功。这就是“马太效应”在教育领域中的灵活运用。

三、“马太效应”给我们的启示

社会心理学家认为，马太效应是个既有积极作用又有消极作用的社会现象。它给我们的启示也可以从两方面阐述。

（1）从对社会发展的推动方面来说，马太效应是具有积极意义的。马太效应揭示了强者恒强的良性循环效应。这与达尔文进化论中揭示的“优胜劣汰”道理相通。自然界也好、人类社会也好，由强者引领发展，其发展趋势就会向上，就是进步的，也是符合发展规律的；反之，如果没有强者的引领，“黄钟毁弃，瓦釜雷鸣”，就会形成退化的局面，不断地退化，最后就会走向衰亡。同样，对于现有的强者来说，马太效应也会激励人们永不停步，不敢有丝毫懈怠。因为稍有差池，失去引领优势，让后追者领了头，就可能造成一步落后、步步落后之颓势。

按马太效应，后发者是否就永无领先的机会？也不是这样。只要善于利用资源，抓住机遇，后来居上的可能性还是存在的。我们就以中国的发展为例。长期的闭关自守、内部消耗、自我折腾等国家行为，让中国与世界发达国家的距离越来越大，马太效应让中国弱者愈弱。但改革开放30年，中国与世界发达国家的距离正在迅速缩小，正在世界范围内和平崛起。中国何以能后来崛起？原因很多，从战略上来说，就是用好了自身的优势，力避劣势，最大限度地用好了内部和外部的资源，加快发展速度。在这个发展过程中，其实细看还是存在着马太效应的。这就是中国在世界范围内特别是在发展中国家中率先大幅度地迈出改革开放的步子，“一步领先，步步领先”，从落后国家中脱颖而出。

同样，对于一个企业来说，一旦在某一领域落后，就很难在这个领域中赶上或超过领先的企业，但并不是说输家就永无翻身的机会。时局的巨变往往是打破“强者恒强”的最佳机会。想想看，30年前微软公司还不存在，而今天它已经成了主宰未来的几股重要力量之一。如果没有计算机技术的飞速发展，这种事只有在《天方夜谭》里才会出现。当然，在这个竞争激烈的世界里，要想取胜甚至仅仅是生存下去，就必须抓住机遇使自己变得强大。如果你的起步比别人晚，那么从现在开始，每天都要付出大量努力，你要去思考如何才能比别人捷足先登，也就是做前瞻性的思考，培养和树立起超前意识，具有前瞻性眼光，做每一件事情都要比别人早一步，要比别人更迅速地掌握未来的动态、未来的信息、未来的走向。

（2）从社会公平的角度来说，马太效应掩盖着不合理的因素。马太效应的本质是社会强势群体对社会弱势群体平等的权利的相对侵占，并且，马太效应会加剧社会资源的分布不均衡，从而造成社会阶层两极分化。这种状态的存在显然不利于社会的和谐发展，会对社会产生消极因素。举例说，众所周知，国家对教育的总投入是个定值，故对某些学校的投入过多必然造成对另外一些学校的投入不足。那些因投入充分而硬件和软件占绝对优势的学校顶着名校的光环不断发展；而那些投入不足的学校，则因巧妇难为无米之炊而陷入了发展的瓶颈。这种因教育资源分配严重不均而造成的名校与弱校的格局一旦形成，必将不断地被放大。于是，资金、师资、生源严重地向名校倾斜，而弱校却出现了人、财、物的全面危机。另外，就读名校成了一种身份符号，满足了那些社会强势群体在社会分层中确定自身的价值与优越感的需要，这也加速了名校与弱校的两极分化。而从受教育者的角度而言，城市贵族子弟自小得到的国家教育经费就较其他孩子多，国家将有限的教育经费基本投资在城市里，高考得到特殊照顾的还是他们。相反，农村的孩子尤其贫困地区的孩子，不仅在培养经费上严重受到歧视，在升学、就职等更遭不公平待遇。我们知道教育公平是社会公平之本，一个社会要保障最基本的公平，最重要的调节手段是教育。因此，教育投资体制中的马太效应必须引起足够的重视和纠正，从根本上实现社会公平。

由上可见，马太效应直接影响社会公平；而社会公平的破坏会影响到社会化的稳定。有人认为，弱者有一个反败为胜的最重要的杀手锏——改变游戏规则或游戏场所。而一个社会的“游戏规则”的改变，势必打破旧的社会格局，造成社会的动荡。从国内外历次社会剧变的情况看，当社会的强势阶级愈来愈强大，就会愈来愈挤占弱者的生存空间；当弱者的生存空间愈来愈被挤占时，穷则思变，绝处求生，一场革命就爆发了。杀富济贫，社会资源可能会被重新分配。从这个角度来说，无论是人类社会还是大自然界，只有和谐发展才会减少社会动荡造成的损失。和谐发展就要让不同的物种、不同的势力都有自身的生存空间。当某一物种或某一势力过于膨胀而挤压其他物种或势力时，原有的生态秩序就被打破了，问题的解决就可能需要采取非常手段。比方说现在有一种叫薇苷菊的植物，它生命力非常强大，吸取阳光雨露、肥料养分的能力特别强。比起其他植物来说，薇苷菊简直可以用“疯长”来描述：它肆意蔓延，不仅能覆盖于杂草之上，还能爬上树木的头顶，剥夺它们的阳光和露水，让它们窒息。这种号称“植物杀手”之物，已经引起植物专家的重视，一些地方正准备采取人工措施来铲除它们。

我们已经步入竞争时代。这意味着无论是个人、企业还是国家，我们都不得不面对方方面面的差距和无所不在的马太效应。对此，一方面我们要正视这种差异的存在，承认强者拥有更多的生存资源和发展空间；另一方面，我们也要学会不断提高自己的个人能力，抓住机遇，趁势而上。个人的发展、社会的进步，就是在这既有残酷竞争、又有和谐共处的对立统一的环境中前行的。

四、延伸阅读

1.《圣经·新约》:《新约·马太福音》第 25 章 29 节

2. 赵佳．自我提升的马太效应．太原：山西教育出版社，2010

（与王瑞应合写）

25. 一个貌似毫无意义的决定，可能改变你的一生，每一次机会都值得认真面对——

蝴蝶效应（Butterfly Effect）

蝴蝶效应

油价上涨，很多加油站前排起了长长的车队，不少人打算抓紧时间购买最后的“便宜油”。也有市民别出蹊径，把目光瞄向了电动车。油价上涨，电动车销售商获利。这之间已不是简单的线性联系了。

一、"蝴蝶效应"概述

什么是蝴蝶效应？让我们先从美国麻省理工学院气象学家洛伦兹（Lorenz）的发现谈起。为了预报天气，洛伦兹用计算机求解仿真地球大气的13个方程式。而为了更细致地考察结果，他取出一个中间解，将其精度稍作修改提高再送回。没想到的是：他的修改本来只是很小的变动，但新的结果却与原结果相差了十万八千里！计算机没有毛病，于是，他认定，自己发现了新的现象：初始值的微小变化会导致结果的巨大变动。他将此命名为"混沌（蝴蝶效应）"。1979年12月，洛伦兹（Lorenz）在华盛顿的一场学术讲演中提出：一只蝴蝶在巴西扇动翅膀，有可能会在美国的德克萨斯引起一场龙卷风。他的演讲和结论给人们留下了极其深刻的印象。从此以后，所谓"蝴蝶效应"之说就不胫而走、名声远扬了。

蝴蝶效应用比喻的方式生动地表明，在长时期大范围天气预报中，往往因一点点微小的因素造成难以预测的严重后果。微小的偏差是难以避免的，却使得长期的天气预报具有不可预测性或不准确性。这一现象，不只在天气预报中，在其他研究领域同样存在。正如我国《易经》所概括的："君子慎始，差若毫厘，缪以千里。"一些复杂系统的自然体系与社会体系，其内部也是诸多因素交相制约错综复杂的，存在着蝴蝶效应也是必然的。

洛伦兹提出"蝴蝶效应"后，这一现象受到广泛的重视。它已不限于当初仅对天气预报而言，而是一切复杂系统对初值极为敏感的代名词或同义语。其含义是：事物发展的结果，对初始条件具有极为敏感的依赖性，初始条件的极小偏差，将会引起结果的极大差异。

也许有人会说"蝴蝶效应"有点危言耸听，将起因的微小作用放大了。维纳曾引过的一首西方民谣："钉子缺，蹄铁卸；蹄铁卸，战马蹶；战马蹶，骑士绝；骑士绝，战事折；战事折，国家灭。"① 与此有异曲同工之妙。马蹄铁上一个钉子的丢失，本来是件非常小的事，但它的长期效应却导致一个帝国灭亡。古老的民谣中早就包含了"蝴蝶效应"的原理。微小的变化能带动长期的、巨大的连锁反应，看似杂乱无章毫不相关的事物之

---

① ［美］格莱克. 混沌——开创新学科. 上海：上海译文出版社，1990. 24

间其实也是存在着极大联系的，只是我们要善于发现罢了。

二、蝴蝶效应的应用

“蝴蝶效应”主要是描述非线性世界中事物之间的联系。我们不能简单地按线性世界中因为A所以B的因果联系方式去理解它的思维方式。混沌显然不是线性式的关系。应用这一眼光去打量事物的变化，变化的原因、变化多端造成的影响等，我们会获得更广阔的视野、更为全面的认识。

第一，世界范围内的广泛联系，使得蝴蝶效应越来越明显。

以2010年发生的两起灾难为例。2010年7月中旬就开始的俄罗斯森林火灾持续蔓延，境内已经有7个地区宣布进入紧急状态。据悉，俄罗斯投入了几乎全部专业救火力量。俄罗斯紧急事务部8月8日统计表明，俄罗斯境内目前共有554个森林着火点和26个泥炭着火点，着火总面积超过19万公顷，经济损失逾2亿多美元。造成至少53人死亡、500多人受伤，超过2 000间房屋被毁。联合国发表声明对火灾遇难者表示哀悼，普京驾机参与灭火，国际社会普遍关注大火的未来形势。这场大火虽然烧在俄罗斯，却影响全世界。俄罗斯在大火肆虐后宣布暂时禁止粮食及粮食产品出口，顿时引发国际市场小麦价格暴涨。美、欧小麦价格因这场大火升至近两年高峰，一些日本食品加工企业股值蒸发。

2010年4月14日，冰岛一座叫埃亚菲亚德拉冰盖的火山开始大规模喷发。喷发造成的火山灰云主要影响到万米以上的高空，这正是飞机的正常飞行高度。火山灰里的二氧化硅等成分会对飞机机体、发动机造成损害，影响飞行员视线，非常危险。英国、比利时、丹麦、荷兰、挪威、瑞典等国都关闭了全部机场，德国西部的机场也已关闭。仅4月15日当天，取消的航班就多达4 000~5 000个。欧洲航空受阻进而影响全球物流。据报道，由于英国领空连日禁飞，零售商品供应链严重受阻，药物、鲜花和新鲜蔬果等出现短缺，产于挪威和苏格兰等地的三文鱼无法运到世界各地。远在东非的肯尼亚亦受影响，400吨滞留鲜花只能销毁，估计损失达数百万英镑。禁飞时间越长，对经济损害越大，并拖累到发展中国家农民，因为他们的产品主要出口到欧洲。

正如“蝴蝶效应”所预示的，上述灾难与结果并不具有简单的因果关系，而是多重因素在动态中形成的。

第二，人们越来越多地学会用蝴蝶效应的眼光去观察世界，观察我们周边的变化。这一点在新闻报道中尤其突出。

以两则新闻报道为例。先看2010年10月26日《广州日报》一则报道《油价上涨产生“蝴蝶效应”　沪上电动车销售看好》。报道说：10月25日晚，国家发改委通知，自10月26日零时起，每升汽油上涨0.17元，每升柴油上涨0.19元。昨晚，很多加油站前排起了长长的车队，不少人打算抓紧时间购买最后的“便宜油”。在有车一族们争相抢油、为日后的出行“精打细算”之时，也有市民别出蹊径，把目光瞄向了电动车。油价上涨，电动车销售商获利。这之间已不是简单的线性联系了。

对于解释性报道而言，报道者们意识到，一个新闻事实的背后，有着深远的背景可以挖掘。以一个更大的背景为参照，我们对新闻事实的认识就会更加接近本质。请看《华盛顿邮报》1989年的这条解释性新闻：

美国黑人寿命连续缩短

一些官员认为是里根经济政策所致

据美国健康状况统计中心的一项报告说，本世纪美国黑人寿命首次连续两年下降，而白人的寿命却不断增加。

该中心死亡率统计所主任亨利·罗森堡说：“问题很严重。如果找找原因，那就是凶杀和交通事故。”罗森堡说，最近，白人和黑人青年凶杀事件大增。但是，黑人遭受的打击更惨。1985年和1986年针对黑人青年的凶杀事件增加15%，而针对白人青年的只增加5%。这两年汽车交通事故对黑人和白人造成的死亡情况也不同，黑人死于车祸的增加8%，白人只增加4%。

黑人近几年来死于艾滋病和其他传染病如肺炎和肺结核病的人数也多于白人。

一些官员把这些问题部分归咎于里根政府的经济政策。他们说，里根的经济政策导致无家可归者增加，给穷人的援助和保健费用减少。

美国健康状况统计中心的报告说，到1984年白人的估计寿命增加到75.4岁，而黑人的估计寿命1985年降到69.5岁，1986年又降到69.4岁。

新闻事实是“果”，一个结果往往是由多种原因导致的，有直接原因，有间接原因，有表层原因、有深层原因。解释性新闻要清楚地解释新闻事实为何发生，就少不了要从多方面去挖掘。

三、“蝴蝶效应”的启示

“蝴蝶效应”将一个细微的变因放在一个巨大的时间与空间的纵横坐标上来考量，来观察其可能导致的变化。我们不妨从时间与空间两个维度来谈启示。

从空间维度来说，某个局部的细微变动完全可能导致大范围的巨变。以人类对大自然的改造为例。过去我们总是敢于并乐于去“改天换地”，然而不仅正效果甚微，而且负效果很多，原因就在这只“蝴蝶”。大自然经过无数年代的变化，已经形成了一个平衡的稳态。当一个外在因素破坏这一平衡态时，它要获得重新的平衡就要作出一系列的调整。这就提醒我们，对自然的改造一定要慎之又慎。比方说，我国三峡大坝的修建，谁能说不是对大自然的平衡态的一种破坏？几乎所有的科学家都看到了这一点。它的最终上马，只能说是在利弊的权衡上作出的取舍，没有绝对的只有利而无弊的。这些年来出现的一系列反常的自然现象，不由得让人联想到是否与大坝的修建存在着“蝴蝶效应”？又比方说这几年杭州的气候变得特别热，成了我国新的最热的“火炉”。又如四川的地震、云南地区和长江中下游地区百年不遇的大旱等，是否因大坝这只“蝴蝶”扇动了翅膀？蝴蝶扇动翅膀尚能引起一场风暴，何况如此浩大的三峡大坝？如果说完全不会造成影响，那一定是无知之谈。正因为如此，三峡大坝修成后，其蓄水过程做得非常谨慎。到了一定的高度后，再往上增高若干厘米，都要做出较长时间、较大范围的观察，不可鲁莽为之，防止牵一发而动全身的变化。

笔者在塞班旅游时，特别记得导游同我们说起这些岛上没有蛇，海关也绝对禁止蛇入关。岛上居民如果抓到一条蛇，政府会给予重赏。导游开玩笑说，谁要发财，只要能偷着把蛇运到岛上来，再将它们交给政府就好了。偌大一组岛屿还怕一条蛇不成？主要是担心由此引发“蝴蝶效应”，外来物种破坏当地的生态平衡，最终导致灾难性后果。这一情况在各国都是警惕的。外来的植物种子、动物活体，只要异于本地物种，都会遭到严格禁止。一粒种子也可能导致一场生物灾难。

从时间维度来说，由于长时期系统的未来行为，初始值稍有变动或偏差，将导致未来前景的巨大差异。有些东西我们今天看来似乎并没有什么联系，但在今后的某个时候，潜伏着的因素就有可能显现出影响来。比方说广东珠三角地区的发展，相当长的一段时间只重开发不注意环境污染的治理，结果对土壤造成严重的重金属污染。有关数据显示，珠三角地区虽然以“世界工厂”著称，在面积不大的区域内创造了我国30%的对外贸易额，但代价是深受污染之痛，且持续已久。自2001年起发布的《广东省海洋环境质量公报》显示，珠江流域及珠江口海域已经连续7年被列为“严重污染区域”。2009年5月发布的《广东省海洋环境质量公报》指出，广东省珠江流域以及珠江口海域污染面积比2008年增加12.33%。其涉及重金属排放的行业很多，IT行业即属其一。印刷线路板是电子元器件的支撑体、电气连接的提供者，几乎每个IT产品都不可或缺。然而，在其生产过程中所进行的电镀和蚀刻等工序，却会产生铜、镍、铬等重金属排放。据2010年5月31日《中国青年报》报道，2009年3月3日，广东省惠州市环境保护局执法人员对惠州美锐电子科技有限公司进行现场检查时，对该公司未经处理直接外排的部分生产废水采样监测得到的结果显示：“pH值偏酸5.6个单位，化学需氧量超标96.9倍，悬浮物超标32.5倍，铜超标5 199倍，锌超标3.9倍，镍超标9.6倍，总氮超标8.6倍，氨氮超标24.7倍，铁超标178.2倍。”重金属污染已经严重影响到当地的人居环境和生态健康。一项由原国家环保总局进行的土壤调查结果显示，广东省珠江三角洲近40%的农田菜地的土壤遭重金属污染，且其中10%属严重超标。2008年，中山大学生命科学学院的科研团队分别在广州6个区各选择两个农贸市场采集蔬菜样本，分析样本中镉、铅的含量情况，结果发现，叶菜类蔬菜的污染情况十分严重，除1种为轻度污染外，其余5种均达到重度污染水平。2009年12月25日，广东珠三角地区一名出生仅10个月的婴儿，血铅含量竟高达550微克/升。冰冻三尺非一日之寒，珠三角地区重金属污染是一个不断累积的过程。如果当初在建第一个工厂时就重视重金属的排放，就不会出现若干年后的重病患儿。

“蝴蝶效应”在确定论和随机论之间架起了桥梁。任何随机发生的因素都可能对最后的结果发生影响，我们要不断分析事物的变化，去发现和把握事物变化的规律，这样才能将那些所谓的未知因素放置在我们的可控制范围内，使事物的发展与我们的预期值接近。

四、延伸阅读

1. ［美］格莱克. 混沌——开创新学科. 上海：上海译文出版社，1990

2. 卢侃，孙建华编译. 混沌学传奇. 上海：上海翻译出版公司，1991

（与王瑞应合写）

26. 对可能来到的机遇，你准备好了吗——

小概率事件（Small Probability Event）

小概率事件

此时这对孪生兄弟惊异地发现，他们竟然分别和两个同样名叫琳达的女人结婚又因性格不合与之分道扬镳，接着又与两个同样名叫贝茜的女性结为夫妻，他们两个人的大儿子都取名叫詹姆斯·阿伦，他们各有一辆同一型号的湖蓝色高级宝马轿车，还各有一只名叫“伊”的法国名犬。

一、小概率事件概述

顾名思义，小概率事件就是那些发生概率极小的事件。这种事件在现实中很少发生，却又确确实实发生过。

据记载，美国有对孪生兄弟约翰·斯普林格尔与约翰·刘易斯，他俩在降生后尚未满月就各奔东西了，直到39年以后才相见。此时这对孪生兄弟惊异地发现，他们竟然分别和两个同样名叫琳达的女人结婚又因性格不合与之分道扬镳，接着又与两个同样名叫贝茜的女性结为夫妻，他们两个人的大儿子都取名叫詹姆斯·阿伦，他们各有一辆同一型号的湖蓝色高级宝马轿车，还各有一只名叫“伊”的法国名犬。法国的罗伯·盖伊阿和罗伯·加罗迪，也是一对孪生兄弟。罗伯兄弟虽说从孩提时代起就分居于法兰西的南国与北疆，但成年后都不约而同地考上医学专业。从医学院毕业后，他们分别在昂鲁和尼姆的两家医疗机关就业。前不久，罗伯兄弟同时向法国的《大众健康》杂志投寄了题为《精神治疗之研究》一文。编辑发现，这两篇文章的内容、段落安排以及措词造句，甚至连标点都是惊人的一致。这就是典型的小概率事件，它的出现简直令人难以相信，只好用“巧合”来解释了。

或许有人会认为孪生同胞之间存在某种神秘的感应。那么我们再举一例：埃米尔·玛吉斯和约翰·托勒看起来就像一对一模一样的双胞胎，但是他们俩却丝毫没有亲缘关系。他们是在美国堪萨斯城的一家书店偶遇的。当他们彼此打量时，才发现自己跟对方竟是如此地相似：妻子都是金发碧眼，都叫玛丽；都有4个孩子，年龄分别为7岁、9岁、10岁和12岁；都在银行工作；都收集邮票和硬币；最奇特的是两人在左肩上都有如鸡蛋形状的胎记。不仅如此，两人还都是业余拳击手，都驾驶着1983年产的MG敞篷汽车，还都喜欢吃墨西哥菜肴。托勒今年47岁，比埃米尔大2岁。托勒说：“埃米尔和我长相完全一样，虽然我们没有任何亲缘关系。实际上我们分别是在大西洋的两岸出生的，埃米尔来自比利时布鲁塞尔，而我是在堪萨斯土生土长的。我们确定自己都不是由别人领养的，所以不可能是出生时就分离的双胞胎。但是，我们真的就像一个模子里出来的。”相遇之前，他们还是素不相识的陌生人，那天，他们在堪萨斯城的一家书店面对面地相遇了。虽然当时他们的穿着打扮各不相同，但是仍然好像是在镜子里看到的自己一样，于是他们彼此交换了电话号码，并急切地想要去调查一下他们是否可能有血缘关系。经医院权威的DNA鉴定后，证实他们根本没有任何的血缘关系。用埃米尔的话来说，他们的相貌竟能如此酷似而无血缘，只能说是上天的杰作了。

小概率事件（small probability event）是概率论里的一个概念，意指发生可能性很小的事件。概率论中将发生概率接近于0的事件称为小概率事件。

小概率事件只是说它发生的可能性极小，但并不等于不可能发生的事件。不可能事件，就是指完全不可能发生、概率为零的事件。比方说某人被怀疑涉嫌某桩犯罪，但只要能证明案发时间此人在案发现场之外出现过，法律上就可以推定他不具有作案可能。这就是我们说的某人不可能同时既在北京又在上海出现。但小概率事件，哪怕它根本就没发生过，但它还是有可能发生。不怕一万，只怕万一，小概率事件就隐藏在那“万一”之中。

二、研究小概率事件的现实意义

小概率事件是有可能发生的，只是它发生的可能性很小，特别是难以找到其规律，或者干脆说无规律可循。所以，它富于奇特色彩，使得人们对它充满期待（幸运降临）或忽视（放松警惕）。

从事件造成的影响来归类，我们可以将小概率事件分为良性事件、恶性事件与中性事件三种。良性事件，如彩票中奖；恶性事件，如飞机失事；中性事件，如前述双胞胎的巧合，等等。显然，对于良性事件，人们总是极力地去破解其玄机，希望幸运之星独独降临到自己的头上；对于恶性事件，人们总是希望能发现其发生的规律，努力远离噩运。而中性事件，不造成什么灾害，大多数情况下只是给人们提供谈资。

（1）对良性小概率事件的研究。现实中谁碰上件良性的小概率事件，绝对是个幸运儿。比方说买福利彩票，如果你要在42个号码中任选6个，选中的概率是多少呢？其概率为$1/42\times41\times40\times39\times38\times37$，中奖几率不到千万分之一。虽然其概率几近为零，然而还是有某种可能性，因此总有不少人跃跃欲试。如果你有幸中了奖，你就是那千万人中独有的幸运者。正是因为有如此的诱惑，总是有人试图寻找其中的奥妙。这就有人专门出售彩票中奖如何选号的小册子，也有人作股市预测等。其实，小概率事件是充满着不可预测的神秘性的，否则那些预测者早就成了亿万富翁了。但正是因为其发生的可能性极小，其神秘色彩愈浓，就永远具有探秘的价值，永远能吸引人们对它的研究热情。

（2）对恶性小概率事件的研究。对恶性的小概率事件，人们总是希望它成为不可能的事。但要让它成为不可能的事也是不可能的。我们要研究的，首先要判定它的影响有多大，其次要判断它发生的概率有多大。一般来说，如果一个事件发生的概率很小，比如10^{-5}量级，并且，它的恶性影响也不是很大，这样的小概率事件就可以忽略。比方说一个工厂生产的仪器次品率为0.000 001，也就是说十万个产品里面才有一个次品，就可以严格按生产程序生产，不必将产品逐个进行检验。即使是影响很大的恶性小概率事件，如飞机失事，我们也不应该因噎废食，出一次事件就将所有飞机停飞。2010年8月24日我国伊春飞机失事后，有媒体发布了如下消息：《乘飞机出行仍然最安全　出事概率极低：天天坐飞机，3 223年才遇一次空难》[①]：

伊春空难并不能否定航空仍是远程交通最安全的方式，而且它正变得越来越安全。30年前，重大事故的发生率为每飞行1.4亿英里一次，如今是14亿英里才发生一起重大事故，安全性提高了十倍。

换一个说法来计算的话，可以这样打比方，一个人每天坐一次飞机，要3 223年才会遇上一次空难。全球累计空难丧生的人数还不及全球3个月内死于车祸的人数。

据统计，中国民航安全飞行了2 012天，才发生一起伊春空难这样的事故。

对影响面不大的小概率事件，我们可以忽略它；对影响面大的小概率事件，我们就要高度警惕，防止它万一发生而造成的恶性影响。2010年9月4日凌晨，新西兰发生的里氏7.1级强震，死亡率为零。世人公认为地震是小概率事件，而7.1级强震竟无一死亡，更是奇迹了。这是因为新西

① 广州日报，2010－08－27

兰震技术处于世界领先水平，城市建设者采用严格的标准规划城市，早在20世纪60年代末70年代初就已将特制的橡胶垫用于基础隔震，在一些大型建筑物及桥梁上设置隔震、减震装置。可见，对恶性小概率事件，正确的态度是积极防范，才能有备无患。

三、小概率事件的启示

小概率事件这一概念的提出，将世上所有难以发生却已经发生的事件均视为有概率可寻，试图将神秘事件引向概率统计学方面来解释，从一些偶然事件背后找出必然性。这让我们对那些千载难逢而又碰巧发生了的事件多了一条理解途径。人们对必然性的事件关注比较多，通过对大量事件的归纳，找出其规律，从而达到驾驭客观世界的自由王国。而有些事件非常偶然，它的发生简直令人难以相信，人们就可能将它们视为“天意”、“神的创造”、“上帝的安排”之类。

我们赖以生存的地球是神创造的吗？按小概率事件理论，它就是一个虽概率不大却必然会产生极小可能的小概率事件！为什么呢？我们想想，我们所处的宇宙有多大，那么多天体中，地球是个独一无二的天体，能不算是小概率事件吗？为了说明宇宙的范围，科学家们做了推算，130万个地球的体积仅相当于太阳的体积，而与太阳相当的恒星，在银河系中可达2 000多亿颗。如果把宇宙看做一个半径1千米的大球，银河系则只有药片那么大，位于球心附近。宇宙中最少有10万个大大小小的银河系。宇宙中存在的天体，只能用“无数”、“无穷大”这样的概念形容了。现有研究也表明，地球存在于宇宙中是不可重复的。那么，这个概率就是无穷大分之一了。

当然，按小概率事件理论，我们有理由相信宇宙中还会有与地球大致相同的天体。为什么呢？因为小概率事件从概率上来说是可能发生的，既然可以产生出一个地球，当然也有可能产生出另一个或多个类似的天体。在这么多的天体中，即使存在十个、百个类似地球的天体，也是极小极小的小概率事件。

如果承认地球的出现是个小概率事件，那么，地球的毁灭同样也是小概率事件。换言之，地球在某一天遭受毁灭完全是可能的。现在没发生，不等于就不会发生。如果是这样的话，杞人忧天就完全是有道理的。据美国宇航局的消息说，2010年9月8日，有两颗小行星接踵掠过地球。其中一颗距离地球最近时比地球到月球的距离还要近40%。2010年7月29日，数名科学家发出警告，一颗编号为1999RQ36的小行星可能撞击地球，这是一颗直径约为560米的小行星。据推算，该行星有千分之一的几率在2200年以前撞击地球，而撞击事件最有可能发生的日期是2182年9月24日。据英国媒体报道，美国航天局（NASA）已经开始考虑发射探测器登上1999RQ36小行星。据美国科学家称，千分之一的几率对于撞地行星来说并不小，之前颇受关注的小行星阿波菲斯（Apophis）被认为撞地的可能性为二十五万分之一，这种概率已需要人们谨慎应对了。科学家认为历史上已经发生过小行星撞击地球的事件。美国物理学家路易·阿尔瓦雷兹就提出，恐龙的突然灭绝，就是由小行星撞击地球引起的。他推测在白垩纪末期有一颗直径约10公里的小行星撞击了地球，产生的尘埃遮天蔽日，造成地表气候环境巨变，导致了恐龙的消亡。

地球的产生太奇妙了，而地球上生命的产生更是奇妙得简直令人无法相信。一种解释认为生命诞生于化学元素，如人体由不少于25种不同的化学元素组成。现今世上存在100种自然产生的化学元素，最小的是氢，最大的是铀。所有这些元素来自哪儿？据现有的研究，所有元素的产生都充满了巧合，或者说都是一个个概率极小极小的事件。科学研究表明，一切生命都取决于能否熔化和制造氢和氘。而熔化和制造氢和氘的自然力量必须操控在一个理想的范围之内，增之一分或减之一分都不可能产生人类的生命。当氢和氘被成功制造出来后，氘原子透过同样的熔化过程结合成氦原子，但氦原子必须形成更大的原子。但两个氦原子是不能结合的，只有在熔化的新星内部，它们才能相撞并“暂时”黏在一块。这个“暂时”有多长呢？大概是千亿亿亿分之一秒（分母接近无限大了）。这还不止，在这千亿亿亿分之一秒里，偏又刚好，有第三个氦原子黏过来，这样，氦原子就能结合了，诞生了宇宙第一个“碳十二”。差不多宇宙中所有的碳都是在这种情况之下产生的。没有碳，也就永远不会有生命的起源；而有了碳，生命的起源只是初具一点点条件，后面漫长的路上还有无数个概率极小基本上接近于不可能的事件要发生才能有生命的出现。正因为这样不可思议，人们包括一些大科学家都宁愿相信宇宙和生命都是上帝的杰作。

小概率事件理论，实际上是对“神创造说”的否定。究竟是“小概率事件说”正确，还是“神创造说”正确？据报道，当代著名物理学天才霍金以前也相信“神创造说”，但在2010年他出版的新书《伟大设计》中，他改变了这一看法。以下是香港《文汇报》2010年9月3日关于此事的报道：

《圣经》记载说：“起初上帝创造天地。”但是英国著名物理学家霍金在他的新书《伟大设计》（*The Grand Design*）中，挑战这传统信仰观念，他说：“宇宙并非由上帝创造，”而是在物理定律——“M－理论”的作用下，引发大爆炸而形成。

在《伟大设计》的节录中，霍金说：“由于存在像地心吸力等定律，宇宙能够无中生有、自我创造……无须求上帝去启动宇宙运转。”

霍金所指的“M－理论”是一连串的物理定律，能够解释宇宙万物，并指“M－理论”就是科学伟人爱因斯坦一直梦寐以求的统一理论。

霍金的最新言论推翻了他早年发表的对宗教的看法，挑战科学巨人牛顿的信念——宇宙不可能单靠自然定律而从混乱中诞生，一定是由上帝所创。1988年，霍金在《时间简史》（*A Brief History of Time*）中，接受上帝在创造宇宙中所扮演的角色，认为创造万物的上帝，与科学理解宇宙可以并存。他说：“我们若能发现一套完美的理论，这将是人类理性的终极胜利——因为届时我们应会了解上帝的心意。”

不过，今天的霍金以1992年发现的一颗行星作为推翻牛顿信念的理据。该行星环绕另一颗恒星运行，而非绕着太阳运行，“这使得我们行星环境的巧合——一个太阳、地球与太阳距离及太阳质量的幸运组合——并非那么特别，以此证明地球是出于精心设计以讨好人类的证据力薄弱许多。”他并认为，其他行星不无生命存在的可能性，同时全新的宇宙也可能存在，即所谓“多重宇宙”的观念。

《伟大设计》将于本月9日面世，由霍金与美国物理学家姆罗迪诺（Mlodinow）联合撰写。有学者认为，霍金的最新言论向公众带出了一个选择问题，就是要信仰还是要科学。也有人认为，他的言论对讨论上帝存在的可能性毫无贡献。

显然，霍金新论中将天地的创造纳入了小概率事件。我们同样要发问，小概率事件能将宇宙中所有发生了的那些不可思议的事件通通囊括进去吗？如果可能，我们对它的研究还远远不够。

四、延伸阅读

1. 叶宗文．小概率事件原理．科技信息，2009（24）
2. 张艳芳．浅析小概率事件原理蕴含的辩证思维．大众科技，2009（7）

（与吴志文合写）

27. 精细地把握世界，你将发现更多的机会——

市场细分（Market Segmentation）

市场细分

“维他命原B5”让消费者记住了头发的护养专家潘婷；沙宣着力宣扬美发大师带来的专业发廊护理的时尚元素；伊卡璐则顺应“回归自然，崇尚环保”的潮流，以天然芬芳、草本健康抢占市场。

一、市场细分概述

市场细分又叫做市场区隔（market segmentation）。这个概念是美国市场学家温德尔·史密斯（Wendell R. Smith）于 1956 年在美国《市场营销杂志》著文提出的。它是根据构成总体市场的不同消费者的需求特点、购买习惯，将他们细分为若干相类似的消费群体，然后针对不同的消费群体，从产品计划、分销渠道、价格政策直至推销宣传，采取相应的整套市场营销战略，使企业商品更符合各个不同消费者阶层和集团的需要，从而在各个细分的小市场中提高竞争能力和市场占有比重。

市场细分理论是一种现代营销观，是在卖方市场向买方市场转化的新形势下，企业以消费者为中心的现代市场营销理念的必然产物。市场细分理论基于这样一个普遍认识：在多元选择的市场背景下，消费者也是多样化的，以任何的单一策略来对应所有消费者不是一种优秀的战略选择。

从操作层面上来看，市场细分实际上是一个两步式战略：发现特殊性；制定针对性。首先，要在一个混合的巨大市场中识别出具有某种共同需求和特征的人群，找到他们对产品效用的共同兴趣，将这些人群聚合成为稍大的细分市场。这里所说的特殊性具有“群”的意义。在该群体内，他们是具有“共同特征”的，他们的消费具有某种共性，他们对产品或者品牌具有大致相同的需求。但是，在此群体与彼群体之间，他们是具有特殊性的。所谓细分，一定要把这些特殊性细分出来。然后，生产者、营销和广告人员正是根据这种特征设计出针对这些消费者的产品或者服务，以满足他们的特定需求。当然，一个企业的目标市场往往并不只针对一个细分市场，而是细分后的系列市场。国际日用消费品巨头——宝洁公司旗下众多洗发水品牌产品的推出就是市场细分策略运用的经典案例。针对消费者的不同需求，宝洁在中国市场先后推出了海飞丝、飘柔、潘婷、沙宣、润妍、伊卡璐等洗发水品牌，占据了中国洗发水市场的半壁江山。海飞丝以去屑止痒、清爽飘逸引领中国人洗发的新方式；空中小姐“头发柔顺的秘密”将飘柔成功地推向全国市场；让人一头雾水的“维他命原 B5”让消费者记住了头发的护养专家潘婷；沙宣着力宣扬美发大师带来的专业发廊护理的时尚元素；润妍针对东方人发质突出黑发功能；伊卡璐则顺应“回归自然，崇尚环保”的潮流，以天然芬芳、草本健康抢占市场。

二、市场细分理念的运用

从前文介绍中不难发现，市场细分蕴涵着两个核心的概念：一是分化；另一是差异。只有分化才能将独特性发挥到极致，从而满足不同细分市场不断发展的需求。而针对细分市场目标消费者的差异化产品，则是推动企业不断成长的关键元素。

达尔文的《物种起源》很好地解释了分化。他在书中把地球上存在的数以亿计的物种归功于分化的作用。他用“生命的大树”的比喻来描述物种起源：“同一纲内生物间的亲缘关系可以用一株大树来表示……绿色生芽的树枝代表现存的物种；过去年代所生的枝条代表那些长期的、先后继承的绝灭物种。在每一个生产期内，发育的枝条竭力向各个方向延伸，去遮盖周围的枝条并使它们枯萎，这就像在任何时期的生存斗争中，一些物种和物种群征服其他物种的情况一样。”这里，我们可以看见两个比较清晰的进化影像：新枝条由老枝条分支出来，新物种由原物种分化而来。

传媒的发展也是如此。市场细分将导致传媒形态变得更丰富多彩。传媒的分化可以分为很多种，既有传媒形态的分化，也有传播渠道的分化，还有赢利模式的分化。内容的分化早已有了，比如从党报中分出来的都市报，就属于内容的分化结果。而应读者需求而生的行业报、企业报、内部报刊等，本身就是细化的产物，不必走与党报“融合”的路子。传播渠道的分化也正在进行，比如直投报纸、邮发报纸、自办发行报纸。再如赢利模式的分化：以广告加发行赢利，如一般的都市报；完全以广告赢利的报纸，如地铁报，从普通报纸中分化出来，属于赢利模式的分化。现在地铁报的前景还不太清晰，但它毕竟抓住了地铁通勤的那部分人群，还是有其独有的优势。如果能把这种优势充分发挥出来，地铁报也能成为一个重要分支，并继续分化；还有完全以发行赢利的报纸，如日本的一些报纸。形态的分化即将进行，比如电子报、网络报、手机报，虽然有些形态现在看来不容易成功，比如把报纸的 PDF 版直接搬上网络，但毕竟是分化的一种尝试。

再看电视媒体。频道专业化是近些年来广播电视界改革的一个热门话题。其理论依据就是市场细分化。影响到传播学的话题就是“窄播论”，这与过去人们关于大众传播媒介是“广播”的观念大相径庭。中央电视台就细分有新闻、经济、综艺、国际、体育、电影、农业、电视剧、科教、戏曲、外语等频道。2000年年底，一些省台成立省级广播影视集团，将原有的若干家电视台整合成若干个专业频道如新闻、经济、都市、文体、生活、影视、信息、公共等。其他传媒形态也是如此，传媒的种类形态只会由于分化而变得越来越多。发挥独特优势，针对某一领域的市场细分法则从自然选择中总结而来，也适用于所有的传媒。

按照一些社会学家的理解，社会的进步和发展也是一个不断分化的过程。传统社会在相当程度上是一个高度整合的社会，而从传统社会向现代社会的过渡，一个基本的标志就是社会各个方面的彼此分化，各个社会子系统开始具有并不断发展出自己的相对自律性。30多年前，中国迈开了改革开放的脚步，开始了从一元向多元的分化。平均主义走向分化差别，从官本位走向市场化，从理想主义走向现实主义。中国社会已经从高整合、低分化的社会转向一个分化程度不断提高的社会。改革开放后，政治和经济的分化也迅速导致了其他各方面的分化的连锁反应，文化的分化当然也是其重要影响结果。人们自主的选择、创造自己的生活方式的意识越来越强。今天，穿什么样的服装、选择什么样的交通工具完全取决于自身，没有哪一种是强加给消费者的。从企业的市场战略角度而言，就是市场的不断细分，企业的产品或服务的定位至关重要，消费群体的分化越来越细，开发适合目标群体的产品、服务成为企业竞争力的关键。

三、市场细分理念的启示

市场细分这个经济领域的概念是“分”与“合”的辩证，“同”与“异”的统一，凝聚着对立统一的哲学智慧，发人深省。

1. 正确理解“分”与“合”

生活中，“分”与“合”总是如影相随，辩证统一，共同构成世间万象：说话时嘴唇是“一分为二”，不说话时是“合二为一”；走路时双腿一前一后是“一分为二”，立定稍息是“合二为一”；成家立业相对于父母是“一分为二”，相对于夫妻是“合二为一”；古代、现在相对于我们是“一分为二”，相对于后人来说是“合二为一”，都将成为过去。

分化的结果就是将优势做大做强，这也是分化的过程和表现方式。比如，军队的三个传统分支是步兵、炮兵和骑兵，随着时间流逝，分化推动兵种越来越多，性能也会越来越独特。军队中最强调的是多兵种协同，即使是打“魔兽”或者“星际”，也都强调多兵种协同，单靠一个兵种在战场上作战肯定会一败涂地。在某些方面功能特别强劲的兵种就有其他方面的功能被牺牲掉。假如谁突发奇想，要把所有兵种融合成一个“万能”兵种，那么这个“万能兵种”肯定会在战场上一泻千里。他可能是什么都会，但什么都不精，在敌人的打击下将变得不堪一击。在这种情况下，军队就会非常明智地在各兵种的通讯协调上投入资源，以更好地协调联合行动。这就是资源的整合共享模式，而不是融合，不是费尽心机地要把他们融合在一起。强调的是协调和沟通，针对的是资源浪费，突出的是优势和特色，得到的是效率和节约，提高的是竞争能力和水平。

分化是人类社会发展中的一个重要的标志和现象，在历史进入新世纪，国际背景、各方面的影响因素日渐复杂之时再认真地审视社会的发展，我们会发现，在分化发生的同时还潜在地存在着一个消解、融合的过程。信息资讯正在深入社会生活的每个角落，促使国家不再处于封闭的自给自足发展的形态，而是卷入了更大的“全球化”的发展格局。各国的发展都融入世界的资金、科技、贸易的大潮，政治、经济、文化的交融日趋复杂。无论你走进哪一个不起眼的书亭，或是走进富丽堂皇的服饰展销会，都会发现一些令人回味的现象。书摊上，深奥的《思想家》与令人发嘘的《脑筋急转弯》并列；磁带商店里，德沃夏克的畅想曲与《花心》的媚人旋律共存；服饰表演会上，前卫的创作风格与家常氛围的休闲服联袂翩翩。

或许正如几百年前《三国演义》的开篇名言所说：“天下大势，分久必合，合久必分”，“分”与“合”的辩证统一将是自然界与人类社会发展的奇妙景象。

2. 树立新的同异观

同与异是一对哲学范畴的概念。我国的先秦哲学中，就有“同异之辩”，专门讨论事物之同异关系。惠子、庄子皆主张“合同异”。“就其同观之，万物莫不同；就其异观之，万物莫不异。”所以，“万物毕同而毕异”。还提出“合异以为同，散同以为异”。墨子虽主张“离同异”，但同样主张同异统一。他认为：同中有异，异中有同，于同可得异，于异可得同。但自秦代起，文化专制主义渐占主流。虽书同文、车同轨有积极意义，但焚书坑儒就是兴同灭异。从汉武帝罢黜百家、独尊儒术，直到清代的文字狱，都是主张尊同排异。而西方文化，从古希腊经文艺复兴到现代文明，却一直是存同求异、弃同赏异，促使生产力、科技、文化等不断创新，引领人类进步潮流。

谈到“同异”，人们自然想起求同存异。并常理解为求大同、存小异，经增同减异达到唯同无异。这实际上是党同伐异。但自改革开放以来，这一传统思维方式，却遭到巨大挑战。在许多领域，情况正好相反，似乎是存同求异甚至弃同赏异了。实践证明，在转型期间，人们必须不断转变观念，更换思维方式，重新认识同与异的关系，树立全新的同异观。

以现代观点来探讨同与异，从不同角度出发，则有不同理解和含义。

从辩证法角度。“同”代表一致性、同一性、共性、普遍性、必然性；“异”代表多样性、差异性、个性、特殊性、偶然性。正如美国物理学家戴森所说：“如果少了一致性，宇宙就毫无伟大之处；如果缺乏多样性，世界也失去了自由。”因此，同与异、一致性与多样性，既是相互排斥，又是相互依存、相互统一的。我们讲一致性，是指多样性基础上的一致性；讲多样性，又是一致性为前提下的多样性。这正如自由与纪律的关系。

从矛盾角度。“同”代表矛盾双方的统一，“异”代表矛盾双方的对立。因而同是有条件的、暂时的、相对的；异则是无条件的、长期的、绝对的。世间一切事物总是在不断变异、运动，因而才不断发展。另外，同和异也是可以互相转化的，同可以异化，如传统可以现代化；异也可以同化，如国外的东西可以本土化。

从逻辑角度。同即是一个事物、概念的内涵，异则是它的外延。一个事物、概念的内涵总是相同、一致的，但其外延则是相异、多样、丰富多彩的。我们倡导马克思主义本土化，与本国实际相结合，就是把马克思主义核心思想的内涵外延化。基本原理是同、是一致性；外延时与本国实践情况相结合，就是异，出现多样性。中国特色社会主义也是如此外延出来的。所以，只讲同不讲异，就要犯教条主义错误；而只讲异不讲同，就要犯经验主义错误。

从历史角度。生物的进化史、人类的发展史，都是同与异相互对立、相互统一的历程。生物由低级进化到高级、进化到人类，靠的就是遗传性与变异性这对矛盾。而遗传性就是同，使下一代相同于上一代，以保持同一性、一致性、稳定性；变异性就是异，使下一代有所变异、有所进化，以出现多样性、进步性，逐渐进化出新种。人类文明史靠的就是继承与创新这对矛盾。继承是同，创新是异。因继承使我们民族的文化，能保持代代相传；因创新又使我们的文化，不断吸收外来文化的新鲜血液，经融合创新，而令传统有所变异，有所进步。

从运动角度。运动是动与静的统一。动就是异，因变异而运动发展；静就是同，因守同而安静、稳定。我们常说，“发展是硬道理”。这是指动的重要性，只有改革、变异推动多样性，才能保证中国持续快速发展。我们也常说，“稳定压倒一切”，这是指静的重要性。只有统一号令、遵纪守法，全国基本保持一致性，才有安静、稳定的环境，才能一心一意搞建设、谋发展。

从以上分析可见，同与异是具有相互对立又相互依存、相互转化的辩证关系。唯同无异，或唯异无同，都是形而上学的思想。求同也好，存同也罢，这同不是简单的同、绝对的同，而是谐同、协谐的同。另外，求异、存异，这异也不是简单的异，而是和异，即和而不同。孔子主和不主同，他说：君子和而不同，小人同而不和。冯友兰解释道：“‘和’与‘同’不一样。‘同’不能容‘异’；‘和’不但能容‘异’，而且必须有‘异’，才能称其为‘和’。”

四、延伸阅读

1. 屈云波．市场细分．北京：企业管理出版社，2010

2. 张茹．先秦诸子同异观辨析．天中学刊，2009（3）

（与郭子辉合写）

28. 在互动中准确把握世界，修正偏差——

反馈（Feedback）

反馈

举一个通俗的例子。一个妈妈打小孩，小孩就会发出哭声。哭声传到妈妈的耳里，越是凄惨，越有可能减轻妈妈下手的力度乃至使之停下手来。这就是小孩不自觉地用了负反馈原理。

一、反馈概述

反馈（feedback）原是物理学中的一个概念，产生于无线电工程技术。这是指从信息输送的终端获取部分信息，再将这部分信息返送回输入端来。以输出端的信息来影响输入端的信息，以调控整个系统的信息输出。

反馈可分为正反馈（positive feedback）和负反馈（negative feedback）两种。

一个系统的输出信号或变量又反馈回系统的输入端，增强输入信号或变量，则该系统是一个正反馈系统。在物理学中，无线电技术常采用这一方式。收音机电路设计中，往往在信号输出点加上一电路，将输出端的部分信号引入输入端，可以起到将信号再次放大的作用。有了这一反馈电路，就可以大大降低生产成本。比方说一个半导体收音机，加入正反馈电路，本来要 5 个三极管才能放大的信号，用 3 ~4 个三极管就可以达到这一效果。再举个例子：在使用麦克风时，我们常常会碰到这一现象，如果将麦克风置于喇叭或音响之前，喇叭或音响中会马上发出很大的尖叫声。有经验的人马上将麦克风的位置移开，使它不正对着喇叭或音响，尖叫声马上就消失了。这也是正反馈在起作用。原来，当麦克风正置于喇叭或音响之前时，相当于从喇叭和音响这一信号输出终端引进了部分信号再进入信号的输入端麦克风中，形成了一个正反馈系统，喇叭和音响中的声音被再次放大，以至于形成尖叫了。

与之相反，如果一个系统的输出信号或变量又反馈回系统的输入端，削弱输入信号或变量，则该系统就是一个负反馈系统。负反馈起的作用是保持信号输出的恒态，控制系统的稳定，当系统受到干扰时能控制或是消除干扰。一些自动化装置大都应用了这一技术。比方说空调，温度设定好后，当温度达到设定值后就会自动停机。这就是负反馈机制在起作用了。再举一个通俗的例子：一个妈妈打小孩，小孩就会发出哭声。哭声传到妈妈的耳里，越是凄惨，越有可能减轻妈妈下手的力度乃至使之停下手来。这就是小孩不自觉地用了负反馈原理。

二、反馈的运用

反馈控制机制在自然科学和人类社会中无时无刻不在发挥着作用。

生物学家在研究中，发现疼痛是一种很重要的感觉：疼痛是机体遭到伤害的信号，这种强烈的感觉，可以引起机体一系列防御性、保护性反应。如果疾病和创伤不依靠疼痛进行反馈，人们就不能及时防护。

在传播活动中，信息发出者发出信息的结果返回到发出者的过程也被称为反馈。反馈是检验交流效果的一个最重要的方法，是人际交流中的一个组成部分。为什么“话不投机半句多，酒逢知己千杯少”？这就是反馈机制在起作用。前一句说的是负反馈，后一句说的是正反馈。正反馈中反馈的信息和自己期望的接受者的反应相吻合，发挥着肯定自己的行为的作用；负反馈中反馈的信息和自己的期望不一样，起着修正或改善信息发出者随后准备发出的信息的作用。当交流者的行为偏离既定的规范时，负反馈向其提供有关自身纠正这种行为的信息。在交流过程中，特别是人际交流中，正、负反馈不断帮助交流者进行调整，使交流发挥最大的效益。为什么面对面交流效率最高？因为在面对面的交流中，如果信息接受者不理解发来的信息，他可以立刻把这一情况告知发送者本人，发送者可以立刻改正交流的内容或形式，以达到信息的畅达。

反馈原理与反馈机制应用最广的当数信息传播。前面说过，面对面的交流效率是最高的。这是因为它是双向互动的交流方式。但随着社会的发展，人们的交往面扩大，远距离传播与大众传播就产生了。囿于过去的传播技术，远距离传播与大众传播的双向互动作用很低，反馈也就难以实现。比方说，过去办报办广播电视，基本上都是单向传播，传播者播出的内容在接受者那儿有何种反应，基本上是不知道的。这就影响了传播效果。在中国改革开放之前，报纸充满说教，很是令人反感。人们说买份报纸，就是“花五分钱买个爹”（爹教训人）。而办报人得不到这方面的信息反馈，继续一味地说教，最后就会走向反面。如苏联解体前，报纸被人们讽刺为“《消息报》上无消息，《真理报》上无真理”。

随着社会的开放，加上新的传播技术的出现与使用，远距离传播与大众传播越来越注重双流互动，注重通过反馈调整传播行为，控制或争取好的传播效果。如调查电视的“收视率”，这就是一种传播效果的反馈。当然，“收视率”还只是一种粗线条的反馈，它只能告诉传播者哪些节目比较受欢迎，却不能告诉传播者它们为什么受欢迎，更不能了解那些收视率低的节目为什么不受欢迎。当然，传播者还可以使用电话调查，通过电话访问了解更为具体的信息，以调整传播内容或方式。特别是网络传播媒体的出现，完全可以作即时的信息反馈，所以其传播效果往往更为可控。

反馈机制无处不在，相互作用，使自然界和人类社会的复杂程度日益加深。只有理解这些广泛而深刻的反馈现象，我们才有可能真正理解自然，理解人类，才有可能进一步理解这个复杂的世界。

三、反馈理论的启示

反馈是一种普遍的生存方式，也是一种通用的发展策略。它给我们的启示是多方面的。这里仅提出两点：

1. 反馈是一个系统内部自我调控的必要条件

一个系统内部能不能通过自我调控达到自我完善？这是一个比较有争议的问题。比方说，一个政权的存在能否通过内部运作达到自我完善？还是要有一个对立面（如反对党）不断从外部作“旁观者清”的监督与警示？西方的政权运作大都采取后一模式。但反馈理论告诉我们，只要有完善的反馈机制调控系统，一个政权也是可以通过内部行为达到良性运行的效果的。中国古代几千年的历史证明，凡是内部反馈机制做得比较好的政权，它就能长久，反之，拒绝或恐惧听取老百姓的意见，这个政权就无法实现反馈调节，其生命就垂垂暮矣。我国古代，即使是在反馈渠道不畅的情况下，一些统治者尚且注意主动听取百姓意见。“华表木”的故事就表明了这一点。据《淮南子·主术训》载：“尧置敢谏之鼓，舜立诽谤之木”。尧、舜何以被千秋万代视为明主？就是因为他们注重信息反馈，主动调控从政行为。大凡中国古代被称为“明主”者，其“明”，就在于此。

2. 平衡掌握正负反馈机制是有效调控的策略

盛极而衰，物极必反，是中国古代哲学概念，意思是事物发展到极度时，就会向相反方向转化。此语最早出至《鹖冠子·环流》：“物极则反，命曰环流。”古人认为，世间万事万物自有其规律，当发展到一个顶点时，便会向着相反的方向发展。

无论是个人成长，企业经营，还是技术创新，大国崛起，每一个具有重大创造性的正反馈，都往往蕴涵着其正反馈后期的巨大破坏性。恰似《红楼梦》中的王熙凤“机关算尽太聪明，反误了卿卿性命！”正反馈机制既意味着丰富的创造性、多样性和生命力，也意味着巨大的破坏性、毁灭性和单调化；既意味着新技术的迅速普及，也意味着经济活动的大起大落；既意味着艰苦奋斗、勤劳致富，也意味着社会财富分配的两极分化。

人类社会在经历工业革命以来二百多年的创造性正反馈发展之后，就面临着资源短缺、环境破坏的危机。最好的情形是当事人自觉、主动察觉到那些导致其走向反面的因素，懂得“满招损、谦受益”，从而主动放慢正反馈的步伐，甚至功成身退，将越来越巨大的事业交给社会。中国的传统文化提供了丰富的智慧，可以帮助我们实现这种最好的情形。

孔子曰：“中庸之为德也，其至矣乎！”（《论语·雍也》）孔子又说：“过犹不及。”（《论语·先进》）即指一切伦理道德，以“中庸”为至美至极。如何达到“中庸”的境界呢？朱熹《中庸章句》开篇云：“不偏不倚，无过不及。”这种“中庸”观和“中和”美，运用到文学创作来，就是恰到好处、恰如其分，不过分地放纵自己的情感的一种适度原则，“发乎情，止于礼义”。

同样的道理也可用来理解国家对经济的干预。国家对经济发展的干预是不可避免的事实，而国家干预适度则是经济长盛不衰的秘诀。国家干预适度原则，就是要求国家干预经济生活要从社会公益的角度出发，把握适度、得当。在国家干预适度原则中，“适度”是一个高度抽象的、弹性的标准。在发展市场经济的道路上，世界各国尤其是发达国家从来没有忽视过国家干预的作用，只是干预的出发点和目的因各国国情、所处时代、国际国内环境的不同而有所差异，但其最终目标都是试图通过对国家干预适度的把握，以保障市场机制调节功能的充分实现。

四、延伸阅读

1. 韩德强. 正反馈机制与社会主义市场经济. http：//www.wyzxsx.com/Article/Class16/200906/91719.html，2010－12－10

2. 哈佛商学院出版公司. 反馈的艺术. 北京：商务印书馆，2010

（与郭子辉合写）